学车考证速成精解系列

驾考宝典

（适用D、E、F证）

范 立 编著

机械工业出版社

本书是依据《机动车驾驶培训教学与考试大纲》《机动车驾驶员培训管理规定》《机动车驾驶人考试内容和方法》《机动车驾驶证申领和使用规定》《道路交通安全违法行为记分管理办法》《道路交通标志和标线》编写而成的摩托车驾驶理论学习和考试指导用书，根据考生的实际情况及成年人学习、记忆规律，有针对性地提炼了培训与考试的知识点和考试题型，将知识点与考题融为一体，有助于考生在理解的基础上进一步加深记忆，突出了实用性和可读性。另外，读者可在手机应用市场搜索并下载"驾考宝典"App，进行模拟理论考试。

本书可供报考摩托车驾驶证（D、E、F证）的考生考前学习使用。

图书在版编目（CIP）数据

驾考宝典：适用D、E、F证／范立编著. —北京：机械工业出版社，2023.10（2025.8重印）

（学车考证速成精解系列）

ISBN 978－7－111－73645－5

Ⅰ.①驾… Ⅱ.①范… Ⅲ.①汽车驾驶员-资格考试-自学参考资料 Ⅳ.①U471.3

中国国家版本馆CIP数据核字（2023）第147414号

机械工业出版社（北京市百万庄大街22号 邮政编码100037）
策划编辑：谢 元 责任编辑：谢 元
责任校对：王荣庆 王 延 责任印制：任维东
北京宝隆世纪印刷有限公司印刷
2025年8月第1版第8次印刷
148mm×210mm·6.75印张·167千字
标准书号：ISBN 978－7－111－73645－5
定价：39.90元

电话服务 网络服务
客服电话：010－88361066 机 工 官 网：www.cmpbook.com
　　　　　010－88379833 机 工 官 博：weibo.com/cmp1952
　　　　　010－68326294 金 书 网：www.golden-book.com
封底无防伪标均为盗版 机工教育服务网：www.cmpedu.com

前　言

当您拿到这本书的时候，请您认真地阅读前言，相信这本书会为您学习摩托车驾驶技能提供很大的帮助。

切记：驾驶摩托车是具有危险性的行为，任何疏忽或大意都有可能危害社会、危及人的生命。学习驾驶摩托车首先要学会珍爱自己和他人的生命，树立守护所有道路参与者平安幸福的学习态度，摆正学习目的，才能轻松愉快地学习驾驶摩托车。

道路交通安全始终是研究的重要课题，对驾驶人的行为研究更是重中之重。发达国家普遍都非常重视驾驶人培训教育的研究，注重完善驾驶知识体系、安全理念和技能培养，不断改进培训教学方法。因此，众多国家在培养驾驶人时，都非常注重理论教育，而教科书是必备的教学工具。

教育资源的不足、学员的浮躁心态，以及部分培训机构对理论培训重视程度的不足，形成了学员在参加培训时只背题库、找诀窍，用尽心思应付考试的问题，这些都是道路交通安全问题频出的原因。

木仓科技作为驾驶培训和安全教育的典型品牌互联网企业，深耕驾培市场多年，拥有海量的数据基础和行业经验，旗下的"驾考宝典"是目前全国用户覆盖量排名领先的驾培平台。这些年来，驾考宝典团队利用已有的数据基础和市场经验，一直在研究如何进行系统、科学的理论培训教学，怎样建立教材与网课紧密结合的线上、线下培训教学系统，为驾校和自学的学员提供系统理论知识、驾驶技能和方便快捷的服务，解决目前驾驶培训的问题，提高学员和驾驶人的整体素质。

《驾考宝典（适用D、E、F证）》系统全面地解读了摩托车驾驶人必须掌握的知识点，并有针对性地结合考试内容提炼了复习考试题，方便学员学习和备考。本书根据学员的实际情况及成年人学习、记忆的规律，将知识点与考题融为一体，有助于学员在理解的基础上进一步加深记忆。读者可在手机应用市场搜索下载"驾考宝典"App，获取相关理论和操作的指导，解决教材不能展现的知识和内容。

掌握摩托车驾驶技术并不难，关键在于系统性的理论指导，相信本书是您学习驾考理论必不可少的通关宝典！

最后，感谢北京遥望交通安全技术研究所在本书编写过程中提供的大力支持和协助。

国家车辆驾驶安全工程技术研究中心专家委员会副主任
交通运输部职业技能考评专家委员会道路运输组组长
中国人类工效学学会常务理事
木仓科技特聘专家、荣誉顾问

目 录

前　言

1 道路交通法律、法规及相关知识

1.1 驾驶证和机动车管理规定 ………………………………… 001
1.1.1 机动车驾驶证申领和使用规定 ……………………… 001
1.1.2 机动车登记和使用规定 ……………………………… 012
1.1.3 道路交通安全违法行为记分 ………………………… 015

1.2 道路通行条件及通行规定 ………………………………… 026
1.2.1 道路交通信号 ………………………………………… 026
1.2.2 道路通行规定 ………………………………………… 057
1.2.3 安全驾驶相关知识 …………………………………… 086

1.3 道路交通安全违法行为及处罚 …………………………… 100
1.3.1 道路交通安全违法行政强制措施 …………………… 100
1.3.2 道路交通安全违法行为行政处罚 …………………… 104
1.3.3 道路交通安全违法刑事处罚 ………………………… 107

1.4 道路交通事故处理相关规定 ……………………………… 110

V

2 场地驾驶技能

- 2.1 桩考 ·· 114
- 2.2 坡道定点停车和起步 ····················· 114
- 2.3 通过单边桥 ·································· 115

3 安全文明驾驶常识

- 3.1 安全行车常识 ································ 116
  - 3.1.1 日常检查与维护 ····················· 116
  - 3.1.2 安全驾驶操作要求 ················· 118
- 3.2 文明行车常识 ································ 134
  - 3.2.1 保护其他交通参与者 ············· 134
  - 3.2.2 文明驾驶 ······························ 142
- 3.3 道路交通信号在交通场景中的综合应用 ······ 146
- 3.4 恶劣气象和复杂道路条件下安全驾驶知识 ······ 168
  - 3.4.1 通过隧道时的安全驾驶 ·········· 168
  - 3.4.2 山区道路安全驾驶 ················· 169
  - 3.4.3 夜间安全驾驶 ······················· 175
  - 3.4.4 特殊道路及恶劣气象条件下的安全驾驶 ···· 180
- 3.5 紧急情况下避险常识 ····················· 190
- 3.6 防范二次事故处置与伤员急救知识 ······ 196
  - 3.6.1 交通事故救护 ······················· 196
  - 3.6.2 常见危险化学品 ··················· 203
- 3.7 典型事故案例分析 ························ 206
  - 3.7.1 单项违法行为分析 ················· 206
  - 3.7.2 多项违法行为分析 ················· 207
  - 3.7.3 违法行为判断 ······················· 208

1 道路交通法律、法规及相关知识

1.1 驾驶证和机动车管理规定

1.1.1 机动车驾驶证申领和使用规定

1 机动车驾驶许可

驾驶机动车，应当依法取得机动车驾驶证，按照驾驶证载明的准驾车型驾驶车辆。

练习题

[单选题]
驾驶机动车应当随身携带哪种证件？
A. 工作证　　B. 驾驶证　　C. 身份证　　D. 职业资格证

答案：B

2 机动车驾驶证有效期

机动车驾驶证有效期分为6年、10年和长期，初次申领的机动车驾驶证的有效期为6年。

练习题

单选题

初次申领的机动车驾驶证的有效期为多少年？

A. 3 年　　B. 5 年　　C. 6 年　　D. 12 年

答案：C

判断题

1）机动车驾驶证的有效期分为 6 年、10 年、20 年。

答案：×

2）初次申领的机动车驾驶证的有效期为 6 年。

答案：√

3　机动车驾驶证申领

年龄在 18 周岁以上可以申请小型汽车、小型自动挡汽车、残疾人专用小型自动挡载客汽车、轻便摩托车准驾车型的机动车驾驶证。

已持有机动车驾驶证，申请增加准驾车型的，应当在本记分周期和申请前最近一个记分周期内没有记满 12 分记录。

申领机动车驾驶证的人，按照下列规定向车辆管理所提出申请。

1）在户籍所在地居住的，应当在户籍所在地提出申请。

2）在户籍所在地以外居住的，可以在居住地提出申请。

3）现役军人（含武警），应当在部队驻地提出申请。

4）申请增加准驾车型的，应当在所持机动车驾驶证核发地提出申请。

有下列情形之一的，不得申请机动车驾驶证：

1）3 年内有吸食、注射毒品行为或者解除强制隔离戒毒措施未满 3 年，以及长期服用依赖性精神药品成瘾尚未戒除的。

2）造成交通事故后逃逸构成犯罪的。

练习题

[单选题]

1) 关于申请机动车驾驶证,以下错误的说法是什么?
   A. 在户籍所在地居住的,应当在户籍所在地提出申请
   B. 在户籍所在地以外居住的,可以在居住地提出申请
   C. 申请增加准驾车型的,应当在户籍所在地提出申请
   D. 现役军人(含武警),应当在部队驻地提出申请

   答案:C

2) 3年内有哪种行为的人不得申请机动车驾驶证?
   A. 吸烟成瘾   B. 注射毒品
   C. 注射胰岛素   D. 酒醉经历

   答案:B

[判断题]

1) 申请人年龄在18周岁以上的,可以申请的准驾车型为小型汽车、小型自动挡汽车、残疾人专用小型自动挡载客汽车、轻便摩托车。

   答案:√

2) 已持有机动车驾驶证在本记分周期没有记满12分记录的,即可以申请增加准驾车型。

   答案:×

3) 造成交通事故后逃逸构成犯罪的人,不能申请机动车驾驶证。

   答案:√

4 机动车驾驶人考试

普通三轮摩托车、普通二轮摩托车和轻便摩托车科目二考试桩考、坡道定点停车和起步、通过单边桥。已持有轻便摩托车准

驾车型驾驶证申请增加普通三轮摩托车、普通二轮摩托车准驾车型的，或者持有普通二轮摩托车驾驶证申请增加普通三轮摩托车准驾车型的，应当考试科目二和科目三。

申请人隐瞒有关情况或者提供虚假材料申领机动车驾驶证的，公安机关交通管理部门不予受理或者不予办理，处 500 元以下罚款；申请人在 1 年内不得再次申领机动车驾驶证。

申请人以欺骗、贿赂等不正当手段取得机动车驾驶证的，公安机关交通管理部门收缴机动车驾驶证，撤销机动车驾驶许可，处 2000 元以下罚款；申请人在 3 年内不得再次申领机动车驾驶证。

练习题

[单选题]

1) 申请人隐瞒有关情况或者提供虚假材料申领机动车驾驶证的，会受到什么处罚？

   A. 申请人终生不得再次申领机动车驾驶证

   B. 处 500 元以上 2000 元以下罚款，申请人终生不得再次申领机动车驾驶证

   C. 处 2000 元以下罚款，申请人在 1 年内不得再次申领机动车驾驶证

   D. 处 500 元以下罚款，申请人在 1 年内不得再次申领机动车驾驶证

   答案：D

2) 提供虚假材料申领驾驶证的申请人应承担下列哪种法律责任？

   A. 处 20 元以上 200 元以下罚款

   B. 取消申领驾驶证资格

   C. 1 年内不得再次申领驾驶证

   D. 2 年内不能再次申领驾驶证

   答案：C

3) 以欺骗、贿赂等不正当手段取得驾驶证被依法撤销驾驶许可的申请人，多长时间不得再次申领驾驶证？
   A. 3 年内　　B. 终生　　C. 1 年内　　D. 5 年内
   答案：A

4) 以下哪项不属于摩托车科目二考试内容？
   A. 坡道定点停车和起步　　B. 桩考
   C. 曲线行驶　　D. 通过单边桥
   答案：C

5) 申请人在考试过程中有贿赂、舞弊行为的，取消考试资格，已经通过考试的其他科目成绩无效，并处多少元以下罚款？
   A. 处 50 元以下罚款　　B. 处 200 元以下罚款
   C. 处 500 元以下罚款　　D. 处 2000 元以下罚款
   答案：D

6) 隐瞒有关情况或者申请人提供虚假材料申领机动车驾驶证的，公安机关交通管理部门不予受理或者不予办理，处多少元以下罚款？
   A. 50 元　　B. 200 元　　C. 500 元　　D. 2000 元
   答案：C

判断题

1) 摩托车科目二考试内容包括桩考、坡道定点停车和起步、通过单边桥。
   答案：√

2) 已持有轻便摩托车准驾车型驾驶证申请增加普通三轮摩托车准驾车型的，应当考试科目二和科目三安全文明驾驶常识。
   答案：✗

3) 申请人在考试过程中有贿赂、舞弊行为的，取消考试资格，已经通过考试的其他科目成绩无效，并处 1000 元以下罚款。
   答案：✗

4）学习驾驶证明有效期为 3 年，但截止日期不得超过年龄条件上限。

答案：√

5 驾驶证实习期

机动车驾驶人初次取得摩托车类准驾车型后的 12 个月为实习期。在实习期内驾驶机动车的，应当在车身后部粘贴或者悬挂统一式样的实习标志。驾驶人在实习期内驾驶机动车上高速公路行驶，应当由持相应或者包含其准驾车型驾驶证 3 年以上的驾驶人陪同。在增加准驾车型后的实习期内，驾驶原准驾车型的机动车时不受上述限制。

练习题

【单选题】

1）机动车驾驶人初次取得驾驶证后的实习期是多长时间？
A. 6 个月　　B. 12 个月　　C. 3 个月　　D. 2 年

答案：B

2）机动车驾驶人由摩托车类准驾车型增加汽车类准驾车型后的多长时间为实习期？
A. 3 个月　　B. 2 年　　C. 12 个月　　D. 6 个月

答案：C

【判断题】

1）驾驶人在实习期内驾驶机动车时，应当在车身后部粘贴或者悬挂统一式样的实习标志。

答案：√

2）驾驶人在实习期内不可以单独驾驶机动车上高速公路行驶，在增加准驾车型后的实习期内，驾驶原准驾车型的机动车时不受上述限制。

答案：√

3）已经持有小型汽车的驾驶证的，增加普通二轮摩托车准驾车型后的12个月为实习期。

答案：√

6 有效期满、转入、变更换证

机动车驾驶证电子版与纸质版具有同等效力。

机动车驾驶人应当于机动车驾驶证有效期满前90日内，向机动车驾驶证核发地或者核发地以外的车辆管理所申请换证。

机动车驾驶人户籍迁出原车辆管理所管辖区的，应当向迁入地车辆管理所申请换证。机动车驾驶人在核发地车辆管理所管辖区以外居住的，可以向居住地车辆管理所申请换证。

机动车驾驶证记载的机动车驾驶人信息发生变化的，机动车驾驶人应当在30日内到机动车驾驶证核发地或者核发地以外的车辆管理所申请换证。

练习题

[单][选][题]

1）驾驶人在驾驶证有效期满前多长时间申请换证？

A. 30 日内　　　　　B. 60 日内

C. 90 日内　　　　　D. 6 个月内

答案：C

2）驾驶人户籍迁出原车辆管理所需要向什么地方的车辆管理所申请换证？

A. 迁出地　　　　　　B. 居住地
C. 所在地　　　　　　D. 迁入地

答案：D

3) 驾驶证记载的驾驶人信息发生变化的，要在多长时间内申请换证？
A. 60 日　　B. 50 日　　C. 40 日　　D. 30 日

答案：D

判断题

1) 驾驶人在驾驶证核发地车辆管理所管辖区以外居住的，可以向居住地车辆管理所申请换证。

答案：√

2) 机动车驾驶证电子版与纸质版具有同等效力。

答案：√

7 驾驶证发证、换证

　　年龄在 70 周岁以上的，不得驾驶低速载货汽车、三轮汽车、轻型牵引挂车、普通三轮摩托车、普通二轮摩托车。持有普通三轮摩托车、普通二轮摩托车驾驶证的，应当到机动车驾驶证核发地或者核发地以外的车辆管理所换领准驾车型为轻便摩托车的机动车驾驶证。

练习题

判断题

1) 驾驶人年龄超过 70 周岁，不得驾驶三轮汽车、轻型牵引挂车、普通三轮摩托车、普通二轮摩托车。

答案：√

2）年满 70 周岁的普通三轮摩托车驾驶人，应该到车辆管理所换领轻便摩托车的机动车驾驶证。

答案：√

8 驾驶证注销

机动车驾驶人有下列情形之一的，车辆管理所应当注销其机动车驾驶证：

1）年龄在 70 周岁以上，在一个记分周期结束后 1 年内未提交身体条件证明的。

2）机动车驾驶人在实习期内发生的道路交通安全违法行为被记满 12 分的。

年龄在 70 周岁以上的机动车驾驶人审验时应当按照规定进行记忆力、判断力、反应力等能力测试。

练习题

[单选题]

超过机动车驾驶证有效期 1 年以上未换证的，会受到何种处罚？
A. 注销驾驶证 B. 罚款
C. 扣留机动车 D. 注销行驶证

答案：A

[判断题]

1）年龄在 70 周岁以上的机动车驾驶人审验时应当按照规定进行记忆力、判断力、反应力等能力测试。

答案：√

2）驾驶人在实习期内被记满 12 分的，注销其实习的准驾车型驾驶资格。

答案：√

9 驾驶证审验

公安机关交通管理部门对机动车驾驶人的道路交通安全违法行为，除依法给予行政处罚外，实行道路交通安全违法行为累积记分制度，记分周期为12个月，满分为12分。机动车驾驶人在一个记分周期内记分达到12分的，应当按规定参加学习、考试。

练习题

【单选题】

1）公安机关交通管理部门对机动车驾驶人的道路交通安全违法行为除依法给予行政处罚外，实行下列哪种制度？
   A. 违法登记制度
   B. 行政处罚制度
   C. 累计记分制度
   D. 强制报废制度

答案：C

2）道路交通安全违法行为累积记分的周期是多长时间？
   A. 3个月
   B. 6个月
   C. 12个月
   D. 24个月

答案：C

3）公安机关交通管理部门对累计记分达到规定满分分值的驾驶人怎样处理？
   A. 依法追究刑事责任
   B. 处15日以下拘留
   C. 终生禁驾
   D. 按规定参加学习、考试

答案：D

【判断题】

1）道路交通安全违法行为累积记分周期为12个月。

答案：√

2）道路交通安全违法行为累积记分一个周期满分为12分。

答案：√

10　驾驶人监督管理

年龄在 70 周岁以上的机动车驾驶人，应当每年进行一次身体检查，检查是否患有妨碍安全驾驶的疾病。在记分周期结束后 30 日内，提交医疗机构出具的有关身体条件的证明。

办理摩托车驾驶证业务时，提交医疗机构出具的有关身体条件的证明。

身体条件证明自出具之日起 6 个月内有效。

练习题

[单选题]

1) 相关法律规定年龄在 70 周岁以上的机动车驾驶人应当多长时间进行一次身体检查并提交身体条件证明？
   A. 每 3 年　　　　　　　B. 每 2 年
   C. 每 6 个月　　　　　　D. 每年

答案：D

2) 身体条件证明自出具之日起多长时间之内有效？
   A. 1 年　　　　　　　　B. 3 个月
   C. 6 个月　　　　　　　D. 1 个月

答案：C

[判断题]

机动车驾驶人在驾驶证有效期满换领驾驶证时，应当提交医疗机构出具的有关条件的证明。

答案：√

11　法律责任

组织、参与实施以下三种行为之一牟取经济利益的，由公安机关交通管理部门处违法所得 3 倍以上 5 倍以下罚款，但最高不超过 10 万元。

  1）申请人隐瞒有关情况或者提供虚假材料申领机动车驾驶证的。

  2）申请人在考试过程中有贿赂、舞弊行为的。

  3）申请人以欺骗、贿赂等不正当手段取得机动车驾驶证的。

  代替实际机动车驾驶人参加审验教育的，由公安机关交通管理部门处 2000 元以下罚款。组织他人实施代替实际机动车驾驶人参加审验教育，有违法所得的，由公安机关交通管理部门处违法所得 3 倍以下罚款，但最高不超过 2 万元；没有违法所得的，由公安机关交通管理部门处 2 万元以下罚款。

练习题

判断题

1）组织、参与实施欺骗、贿赂等不正当手段取得机动车驾驶证的，由公安机关交通管理部门处违法所得 3 倍以上 5 倍以下罚款，但最高不超过 10 万元。

答案：√

2）代替实际机动车驾驶人参加审验教育的，由公安机关交通管理部门处 2000 元以下罚款。

答案：√

3）组织他人代替实际机动车驾驶人参加审验教育，有违法所得的，由公安机关交通管理部门处违法所得 3 倍以下罚款，但最高不超过 5 万元。

答案：×

▶1.1.2　机动车登记和使用规定

  机动车登记分为注册登记、变更登记、转移登记、抵押登记和注销登记。

1 机动车注册、变更、转移、抵押、注销登记

摩托车自注册登记之日起第 6 年、第 10 年进行安全技术检验，超过 10 年的，每年检验 1 次。

练习题

[单][选][题]

1）摩托车从注册登记之日起 10 年以内每几年向公安机关交通管理部门申领检验标志？

A. 4 年　　　　B. 2 年　　　　C. 3 年　　　　D. 1 年

答案：B

2）摩托车从注册登记之日起超过几年的每年检验 1 次？

A. 2 年　　　　B. 10 年　　　　C. 3 年　　　　D. 1 年

答案：B

[判][断][题]

机动车登记分为注册登记和变更登记两种。

答案：×

2 机动车登记证书、号牌、行驶证灭失、丢失或损毁

机动车号牌灭失、丢失或者损毁的，机动车所有人应当向登记地车辆管理所申请补领、换领。车辆管理所自受理之日起 15 日内补发、换发号牌，原机动车号牌号码不变。补发、换发号牌期间，申请人可以申领有效期不超过 15 日的临时行驶车号牌。补领、换领机动车号牌的，原机动车号牌作废，不得继续使用。

练习题

〔单选题〕

关于机动车号牌灭失、丢失或者损毁的，以下说法错误的是什么？

A. 补发、换发号牌期间，申请人可以申领有效期不超过 15 日的临时行驶车号牌。

B. 补领、换领机动车号牌的，原机动车号牌可以继续使用

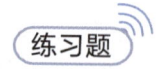

C. 车辆管理所补发、换发号牌，原机动车号牌号码不变

D. 机动车所有人应当向登记地车辆管理所申请补领、换领

答案：B

3 法律责任

有下列情形之一的，由公安机关交通管理部门处警告或者 200 元以下罚款：

1）机动车喷涂、粘贴标识或者车身广告，影响安全驾驶的。

2）机动车未按照规定期限进行安全技术检验的。

练习题

〔单选题〕

1）机动车车身贴有大面积图案的，会被处以警告或者多少元以下罚款？

A. 100 元　　B. 200 元　　C. 300 元　　D. 150 元

答案：B

2）机动车未按照规定期限检验机动车的，机动车驾驶人会被处以警告或者多少元以下罚款？

A. 200 元　　B. 150 元　　C. 100 元　　D. 300 元

答案：A

1.1.3 道路交通安全违法行为记分

道路交通安全违法行为记分周期为 12 个月，满分为 12 分。记分周期自机动车驾驶人初次领取机动车驾驶证之日起连续计算，或者自初次取得临时机动车驾驶许可之日起累积计算。

练习题

[单选题]

道路交通违法行为累积记分周期是多长时间？
A. 14 个月　　　B. 12 个月　　　C. 10 个月　　　D. 6 个月

答案：B

1 记分分值

根据交通违法行为的严重程度，一次记分的分值为 12 分、9 分、6 分、3 分、1 分。

道路交通安全违法行为记分分值

记分分值	交通违法行为记分项目
一次记 12 分	1）饮酒后驾驶机动车的
	2）造成致人轻伤以上或者死亡的交通事故后逃逸，尚不构成犯罪的
	3）使用伪造、变造的机动车号牌、行驶证、驾驶证、校车标牌或者使用其他机动车号牌、行驶证的
	4）在高速公路、城市快速路上行驶超过规定时速 50% 以上的
	5）在高速公路、城市快速路上倒车、逆行、穿越中央分隔带掉头的
	6）代替实际机动车驾驶人接受交通违法行为处罚和记分牟取经济利益的

（续）

记分分值	交通违法行为记分项目
一次记9分	1）在高速公路或者城市快速路上违法停车的 2）驾驶未悬挂机动车号牌或者故意遮挡、污损机动车号牌的机动车上道路行驶的 3）驾驶与准驾车型不符的机动车的
一次记6分	1）在高速公路、城市快速路上行驶超过规定时速20%以上未达到50%，或者在高速公路、城市快速路以外的道路上行驶超过规定时速50%以上的 2）不按交通信号灯指示通行的 3）机动车驾驶证被暂扣或者扣留期间驾驶机动车的 4）造成致人轻微伤或者财产损失的交通事故后逃逸，尚不构成犯罪的 5）在高速公路或者城市快速路上违法占用应急车道行驶的
一次记3分	1）在高速公路、城市快速路以外的道路上行驶超过规定时速20%以上未达到50%的 2）在高速公路或者城市快速路上不按规定车道行驶的 3）不按规定超车、让行，或者在高速公路、城市快速路以外的道路上逆行的 4）遇前方机动车停车排队或者缓慢行驶时，借道超车或者占用对面车道、穿插等候车辆的 5）驾驶机动车有拨打、接听手持电话等妨碍安全驾驶的行为的 6）行经人行横道不按规定减速、停车、避让行人的 7）不按规定避让校车的 8）驾驶不按规定安装机动车号牌的机动车上道路行驶的

(续)

记分分值	交通违法行为记分项目
一次记1分	1) 不按规定使用灯光的
	2) 违反禁令标志、禁止标线指示的
	3) 驾驶未按规定定期进行安全技术检验的机动车上道路行驶的
	4) 驾驶摩托车，不戴安全头盔的

练习题

单选题

1) 驾驶人有哪种违法行为一次记12分？
   A. 违反交通信号灯　　　　B. 使用伪造机动车号牌
   C. 违反禁令标志指示　　　D. 拨打、接听手机的

   答案：B

2) 驾驶与准驾车型不符的机动车一次记几分？
   A. 12分　　B. 9分　　C. 6分　　D. 3分

   答案：B

3) 饮酒后驾驶机动车一次记几分？
   A. 3分　　B. 6分　　C. 9分　　D. 12分

   答案：D

4) 造成致人轻伤以上或者死亡的交通事故后逃逸，尚不构成犯罪的一次记几分？
   A. 12分　　B. 9分　　C. 6分　　D. 3分

   答案：A

5) 驾驶未悬挂机动车号牌的机动车上道路行驶的一次记几分？
   A. 3分　　B. 6分　　C. 9分　　D. 12分

   答案：C

6) 驾驶故意遮挡、污损机动车号牌的机动车上道路行驶的一次记几分？

　　A. 12 分　　　B. 9 分　　　C. 6 分　　　D. 3 分

答案：B

7) 使用伪造、变造的行驶证一次记几分？

　　A. 12 分　　　B. 9 分　　　C. 6 分　　　D. 3 分

答案：A

8) 根据交通违法行为的严重程度，一次记分的分值为？

　　A. 12 分、9 分、5 分、2 分、1 分

　　B. 12 分、9 分、6 分、3 分、1 分

　　C. 12 分、9 分、2 分、1 分

　　D. 12 分、6 分、2 分、1 分

答案：B

9) 驾驶人有哪种违法行为一次记 6 分？

　　A. 饮酒后驾驶机动车

　　B. 使用其他车辆行驶证

　　C. 车速超过规定时速 50% 以上

　　D. 违法占用应急车道行驶

答案：D

10) 驾驶人驾驶机动车不按交通信号灯指示通行的，一次记多少分？

　　A. 12 分　　　B. 9 分　　　C. 6 分　　　D. 3 分

答案：C

11) 有下列哪种违法行为的机动车驾驶人将被一次记 6 分？

　　A. 驾驶与准驾车型不符的机动车

　　B. 饮酒后驾驶机动车

　　C. 驾驶机动车不按交通信号灯指示通行

　　D. 未取得校车驾驶资格驾驶校车

答案：C

12) 有下列哪种违法行为的机动车驾驶人将被一次记9分？
   A. 驾驶故意污损号牌的机动车上道路行驶的
   B. 机动车驾驶证被暂扣期间驾驶机动车的
   C. 以隐瞒、欺骗手段补领机动车驾驶证的
   D. 驾驶机动车不按照规定避让校车的

   答案：A

13) 有下列哪种违法行为的机动车驾驶人将被一次记9分？
   A. 驾驶机动车不按照规定避让校车的
   B. 机动车驾驶证被暂扣期间驾驶机动车的
   C. 驾驶机动车不按交通信号灯指示通行的
   D. 驾驶与准驾车型不符的机动车的

   答案：D

14) 关于交通违法行为，以下说法错误的是什么？
   A. 造成致人轻微伤或者财产损失的交通事故后逃逸，尚不构成犯罪的，一次记9分
   B. 驾驶机动车在高速公路上违法占用应急车道行驶的，一次记6分
   C. 驾驶机动车在高速公路或者城市快速路上违法停车的，一次记9分
   D. 机动车驾驶证被暂扣或扣留期间驾驶机动车的，一次记6分

   答案：A

15) 驾驶未按规定定期进行安全技术检验的摩托车上道路行驶的，一次记几分？
   A. 3分　　　B. 1分　　　C. 6分　　　D. 9分

   答案：B

16）驾驶摩托车，不戴安全头盔的，一次记几分？

　　　A. 1分　　　B. 3分　　　C. 6分　　　D. 9分

答案：A

判断题

1）造成致人轻伤以上或者死亡的交通事故后逃逸，尚不构成犯罪的，一次记12分。

答案：√

2）饮酒后驾驶机动车的，一次记12分。

答案：√

3）使用伪造、变造的驾驶证的，一次记12分。

答案：√

4）使用其他机动车号牌、行驶证的，一次记3分。

答案：✕

5）驾驶机动车不按交通信号灯指示通行的，一次记6分。

答案：√

6）驾驶机动车在高速公路上行驶超过规定时速50%以上的，一次记12分。

答案：√

7）根据交通违法行为的严重程度，一次记分的分值为12分、6分、3分、2分、1分。

答案：✕

8）驾驶摩托车在高速公路、城市快速路以外的道路上行驶超过规定时50%以上的，一次记3分。

答案：✕

9）驾驶机动车不按照规定避让校车的，一次记6分。

答案：✕

10）驾驶机动车有拨打、接听手持电话等妨碍安全驾驶的行为的，一次记 2 分。

答案：×

11）驾驶不按规定安装机动车号牌的机动车上道路行驶的，一次记 3 分。

答案：√

12）机动车驾驶人使用其他机动车号牌、行驶证的，一次记 12 分。

答案：√

13）持有小型汽车驾驶证的驾驶人，驾驶摩托车上路行驶的，一次记 9 分。

答案：√

14）驾驶机动车行经人行横道不按规定减速、停车、避让行人的，一次记 3 分。

答案：√

15）代替实际机动车驾驶人接受交通违法行为处罚和记分牟取经济利益的，一次记 12 分。

答案：√

2 记分执行

公安机关交通管理部门对机动车驾驶人的交通违法行为，在作出行政处罚决定的同时予以记分。机动车驾驶人有 2 起以上交通违法行为应当予以记分的，记分分值累积计算。机动车驾驶人可以一次性处理完毕同一辆机动车的多起交通违法行为记录，记分分值累积计算。

机动车驾驶人在一个记分周期期限届满，累积记分未满 12

分的,该记分周期内的记分予以清除;累积记分虽未满 12 分,但有罚款逾期未缴纳的,该记分周期内尚未缴纳罚款的交通违法行为记分分值转入下一记分周期。

行政处罚决定被依法变更或者撤销的,相应记分应当变更或者撤销。

练习题

单选题

关于处理机动车的交通违法行为记录,以下正确的说法是什么?

A. 处理多起交通违法行为记录时,必须分别计算,不得累加

B. 可以一次性处理同一辆机动车的多起交通违法行为记录

C. 不得一次性处理多起交通违法行为记录

D. 累积记分未满 12 分,不得处理其他机动车的违法行为

答案:B

判断题

1) 驾驶人记分没有达到满分,但有罚款尚未缴纳的,记分转入下一记分周期。

答案:√

2) 机动车驾驶人有 2 起以上交通违法行为应当予以记分的,记分分值累积计算。

答案:√

3) 公安机关交通管理部门对机动车驾驶人的交通违法行为,作出行政处罚决定的,不再予以记分。

答案:✗

4) 机动车驾驶人不得一次性处理完毕同一辆机动车的多起交通违法行为记录。

答案:✗

5) 机动车驾驶人在一个记分周期期限届满，累积记分未满 12 分的，该记分周期内的记分予以清除。

答案：√

6) 行政处罚决定被依法变更或者撤销的，相应记分不会变更或者撤销。

答案：×

3 满分处理

驾驶人可以在机动车驾驶证核发地或者交通违法行为发生地、处理地参加公安机关交通管理部门组织的道路交通安全法律、法规和相关知识学习，并在学习地参加考试。机动车驾驶人经满分学习、考试合格且罚款已缴纳的，记分予以清除，发还机动车驾驶证。

练习题

判断题

1) 机动车驾驶人可以在机动车驾驶证核发地或者交通违法行为发生地、处理地参加公安机关交通管理部门组织的道路交通安全法律、法规和相关知识学习，并在学习地参加考试。

答案：√

2) 机动车驾驶人经满分学习、考试合格且罚款已缴纳的，记分予以清除，发还机动车驾驶证。

答案：√

4 记分减免

机动车驾驶人处理完交通违法行为记录后累积记分未满 12 分，参加公安机关交通管理部门组织的交通安全教育并达到规定要求的，可以申请在机动车驾驶人现有累积记分分值中扣减记分。在一个记分周期内累计最高扣减6分。

参加公安机关交通管理部门组织的道路交通安全法律、法规和相关知识网上学习3日内累计满30分钟且考试合格的，一次扣减1分。

参加公安机关交通管理部门组织的交通安全公益活动的，满1个小时为一次，一次扣减1分。

练习题

单选题

1) 机动车驾驶人申请扣减记分时，参加道路交通安全法律、法规和相关知识网上学习3日内累计满30分钟且考试合格的，一次扣减几分？

    A. 1分　　　B. 2分　　　C. 3分　　　D. 6分

    答案：A

2) 驾驶人有以下哪种情况时，可以参加扣减记分？

    A. 机动车驾驶证逾期未审验

    B. 处理完所有违法行为后累积记分未达12分

    C. 实习期内

    D. 机动车驾驶证被扣留、暂扣期间　　答案：B

判断题

1) 机动车驾驶人在一个记分周期内累计最高可扣减12分。

    答案：✗

2) 机动车驾驶人申请学法减记分时，一个记分周期内，累计最高扣减3分。

    答案：✗

3）机动车驾驶人可以通过交通安全公益活动扣减驾驶证记分，满 2 个小时为一次，一次扣减 1 分。

答案：✗

5 法律责任

机动车驾驶人在一个记分周期内累积记分满 12 分，机动车驾驶证未被依法扣留或者收到满分教育通知书后 30 日内拒不参加公安机关交通管理部门通知的满分学习、考试的，由公安机关交通管理部门公告其机动车驾驶证停止使用。

机动车驾驶人请他人代为接受交通违法行为处罚和记分并支付经济利益的，由公安机关交通管理部门处所支付经济利益 3 倍以下罚款，但最高不超过 5 万元。

练习题

判断题

1）机动车驾驶人在一个记分周期内累积记分满 12 分，拒不参加公安机关交通管理部门通知的满分学习、考试的，将被公告其驾驶证停止使用。

答案：✓

2）机动车驾驶人请他人代为接受交通违法行为处罚和记分并支付经济利益的，由公安机关交通管理部门处所支付经济利益 3 倍以下罚款，但最高不得超过 5 万元。

答案：✓

3）机动车驾驶人请他人代为接受交通违法行为处罚和记分并支付经济利益的，由公安机关交通管理部门处最高不得超过 1000 元的罚款。

答案：✗

1.2 道路通行条件及通行规定

▶ 1.2.1 道路交通信号

道路交通信号包括交通信号灯、交通标志、交通标线和交通警察的指挥。

练习题

|判|断|题|

1) 交通信号包括交通信号灯、交通标志、交通标线和交通警察的指挥。

答案：√

2) 交通标志和交通标线不属于交通信号。

答案：✕

1 道路交通信号灯的分类、含义、识别和作用

交通信号灯有红、黄、绿3种颜色，红灯亮表示禁止通行，绿灯亮表示准许通行，黄灯亮表示警示。

驾驶机动车在路口直行遇到红灯亮时，要停在路口停止线以外处等待放行信号。右转弯时，在不妨碍被放行车辆、行人通行的情况下，可以通行。

驾驶机动车在路口遇到绿色信号灯亮时，准许车辆直行、向左转弯、向右转弯通行。转弯车辆不能妨碍被放行的直行车辆、行人通行。

练习题

判断题

1) 交通信号灯由红灯、绿灯和黄灯组成。

答案：√

2) 在路口这个位置时可以右转弯通过路口。

答案：√

3) 驾驶机动车不能进入红色叉形灯或者红色箭头灯亮的车道。

答案：√

2 道路交通标志的分类、含义、识别和作用

交通标志分为：警告标志、禁令标志、指示标志、指路标志、旅游区标志、道路施工安全标志和辅助标志。

警告标志：警告（提醒、告示）机动车驾驶人前方有危险，谨慎通过。

标志				
含义	十字交叉路口	T形交叉路口	向右急弯路	向左急弯路
标志				
含义	反向弯路	连续弯路	上陡坡	下陡坡

1 道路交通法律、法规及相关知识

（续）

标志				
含义	连续下坡	两侧变窄	右侧变窄	左侧变窄
标志				
含义	窄桥	注意行人	注意儿童	注意残疾人
标志				
含义	注意非机动车	注意信号灯	村庄或集镇	过水路面
标志				
含义	驼峰桥	路面不平	减速丘	注意车道数变少
标志				
含义	注意危险	事故易发路段	线形诱导标	交通事故管理
标志				
含义	路面低洼	慢行	有人看守铁路道口	无人看守铁路道口
标志				
含义	注意电动自行车	注意积水		

练习题

单选题

1) 这个标志是何含义？

　　A. T 形交叉路口　　　　B. Y 形交叉路口
　　C. 十字交叉路口　　　　D. 环行交叉路口

答案：C

2) 这个标志是何含义？

　　A. T 形交叉路口　　　　B. Y 形交叉路口
　　C. 十字交叉路口　　　　D. 环行交叉路口

答案：A

3) 这个标志是何含义？

　　A. 向左急弯路　　　　　B. 向右急弯路
　　C. 向右绕行　　　　　　D. 连续弯路

答案：B

4) 这个标志是何含义？

　　A. 向左急弯路　　　　　B. 向右急弯路
　　C. 向左绕行　　　　　　D. 连续弯路

答案：A

5）这个标志是何含义？

A. N形弯路　　　　　　B. 急转弯路
C. 反向弯路　　　　　　D. 连续弯路

答案：C

6）这个标志是何含义？

A. N形弯路　　　　　　B. 急转弯路
C. 反向弯路　　　　　　D. 连续弯路

答案：D

7）这个标志是何含义？

A. 堤坝路　　　　　　　B. 上陡坡
C. 连续上坡　　　　　　D. 下陡坡

答案：B

8）这个标志是何含义？

A. 堤坝路　　　　　　　B. 上陡坡
C. 下陡坡　　　　　　　D. 连续上坡

答案：C

9）这个标志是何含义？

A. 连续上坡 B. 上陡坡
C. 下陡坡 D. 连续下坡

答案：D

10）这个标志是何含义？

A. 两侧变窄 B. 右侧变窄
C. 左侧变窄 D. 宽度变窄

答案：A

11）这个标志是何含义？

A. 两侧变窄 B. 右侧变窄
C. 左侧变窄 D. 宽度变窄

答案：B

12）这个标志是何含义？

A. 两侧变窄 B. 右侧变窄
C. 左侧变窄 D. 宽度变窄

答案：C

13）这个标志是何含义？

A. 窄路
B. 右侧变窄
C. 左侧变窄
D. 窄桥

答案：D

14）这个标志是何含义？

A. 人行横道
B. 注意行人
C. 注意儿童
D. 学校区域

答案：B

15）这个标志是何含义？

A. 注意行人
B. 人行横道
C. 注意儿童
D. 学校区域

答案：C

16）这个标志是何含义？

A. 交叉路口
B. 注意信号灯
C. 注意行人
D. 人行横道灯

答案：B

17) 这个标志是何含义？

A. 注意行人　　　　　B. 有人行横道
C. 村庄或集镇　　　　D. 有学校

答案：C

18) 这个标志是何含义？

A. 路面低洼　　　　　B. 驼峰桥
C. 路面不平　　　　　D. 路面高突

答案：C

19) 这个标志是何含义？

A. 路面低洼　　　　　B. 驼峰桥
C. 路面不平　　　　　D. 减速丘

答案：D

20) 这个标志是何含义？

A. 路面高突　　　　　B. 有驼峰桥
C. 路面不平　　　　　D. 路面低洼

答案：D

21) 这个标志是何含义？

A. 过水路面　　　　　B. 渡口

C. 泥泞道路　　　　　D. 低洼路面

答案：A

22) 这个标志是何含义？

A. 无人看守铁路道口　　B. 有人看守铁路道口

C. 多股铁路与道路相交　D. 立交式的铁路道口

答案：B

23) 这个标志是何含义？

A. 多股铁路与道路相交　B. 有人看守铁路道口

C. 无人看守铁路道口　　D. 注意长时鸣喇叭

答案：C

24) 这个标志是何含义？

A. 避让非机动车　　　B. 非机动车道

C. 禁止非机动车通行　D. 注意非机动车

答案：D

25）这个标志是何含义？

A．注意残疾人　　　　　B．残疾人出入口
C．残疾人休息处　　　　D．残疾人专用通道

答案：A

26）这个标志是何含义？

A．施工路段　　　　　　B．事故易发路段
C．减速慢行路段　　　　D．拥堵路段

答案：B

27）这个标志是何含义？

A．施工路段　　　　　　B．车多路段
C．慢行　　　　　　　　D．拥堵路段

答案：C

28）这个标志是何含义？

A．事故多发路段　　　　B．减速慢行
C．注意危险　　　　　　D．拥堵路段

答案：C

1　道路交通法律、法规及相关知识　035

29）这个标志是何含义？

A. 应急车道
B. 向左变道
C. 注意车道数变少
D. 注意合流

答案：C

30）这个标志是何含义？

A. 交通事故管理
B. 施工路段
C. 事故易发路段
D. 注意危险

答案：A

31）这个标志是何含义？

A. 合流诱导标
B. 转弯诱导标
C. 线形诱导标
D. 分流诱导标

答案：C

32）这个标志是何含义？

A. 禁止非机动车通行
B. 注意非机动车
C. 注意电动自行车
D. 电动自行车车道

答案：C

33）这个标志是何含义？

A．交通事故勘察尺　　　　B．量路尺
C．注意积水　　　　　　　D．注意前方限高

答案：C

禁令标志：表示禁止、限制及相应解除的含义，机动车驾驶人要严格遵守。

标志	停	让	↓↑	○
含义	停车让行	减速让行	会车让行	禁止通行
标志	—	🚲	🚗	✕
含义	禁止驶入	禁止电动自行车进入	禁止机动车驶入	禁止停放车辆
标志	⊘	↑	←	→
含义	禁止长时停放车辆	禁止直行	禁止向左转弯	禁止向右转弯

(续)

标志				
含义	禁止直行和向左转弯	禁止直行和向右转弯	禁止向左向右转弯	禁止掉头
标志				
含义	禁止超车	解除禁止超车	限制速度	解除限制速度
标志				
含义	禁止鸣喇叭	限制宽度	限制高度	停车检查

练习题

单选题

1）这个标志是何含义？

A. 停车让行　　　　　　B. 不准长时间停车
C. 不准车辆驶入　　　　D. 不准临时停车

答案：A

2）这个标志是何含义？

A. 不准让行　　　　　B. 会车让行
C. 停车让行　　　　　D. 减速让行

答案：D

3）这个标志是何含义？

A. 禁止驶入　　　　　B. 禁止通行
C. 减速行驶　　　　　D. 限时进入

答案：B

4）这个标志是何含义？

A. 禁止向左转弯　　　B. 禁止驶入左车道
C. 禁止车辆掉头　　　D. 禁止向左变道

答案：A

5）这个标志是何含义？

A. 禁止驶入路口　　　B. 禁止向右转弯
C. 禁止车辆掉头　　　D. 禁止变更车道

答案：B

1　道路交通法律、法规及相关知识　039

6) 这个标志是何含义?

A. 禁止掉头　　　　　　B. 禁止向右转弯
C. 禁止直行　　　　　　D. 禁止向左转弯

答案：C

7) 这个标志是何含义?

A. 禁止在路口掉头　　　B. 禁止向左和向右变道
C. 禁止车辆直行　　　　D. 禁止向左和向右转弯

答案：D

8) 这个标志是何含义?

A. 禁止直行和向左转弯　B. 禁止直行和向左变道
C. 允许直行和向左变道　D. 禁止直行和向右转弯

答案：A

9) 这个标志是何含义?

A. 禁止直行和向左转弯　B. 禁止直行和向左变道
C. 允许直行和向左变道　D. 禁止直行和向右转弯

答案：D

10) 这个标志是何含义？

A. 禁止直行　　　　　　B. 禁止掉头
C. 禁止变道　　　　　　D. 禁止左转

答案：B

11) 这个标志是何含义？

A. 禁止借道　　　　　　B. 禁止变道
C. 禁止超车　　　　　　D. 禁止掉头

答案：C

12) 这个标志是何含义？

A. 解除禁止借道　　　　B. 解除禁止变道
C. 准许变道行驶　　　　D. 解除禁止超车

答案：D

13) 这个标志是何含义？

A. 允许长时停车　　　　B. 允许临时停车
C. 禁止长时停车　　　　D. 禁止停放车辆

答案：D

14）这个标志是何含义？

A. 允许长时停车　　　　B. 禁止临时停车
C. 禁止长时停车　　　　D. 禁止停放车辆

答案：C

15）这个标志是何含义？

A. 禁止长时鸣喇叭　　　B. 断续鸣喇叭
C. 禁止鸣喇叭　　　　　D. 减速鸣喇叭

答案：C

16）这个标志是何含义？

A. 限制40吨轴重　　　　B. 限制最高时速40公里
C. 前方40米减速　　　　D. 最低时速40公里

答案：B

17）这个标志是何含义？

A. 40米减速行驶路段　　B. 最低时速40公里
C. 解除时速40公里限制　D. 最高时速40公里

答案：C

18) 这个标志是何含义？

A. 边防检查　　　　B. 禁止通行
C. 海关检查　　　　D. 停车检查

答案：D

19) 这个标志是何含义？

A. 禁止非机动车进入　　B. 禁止电动自行车停放
C. 禁止电动自行车进入　　D. 禁止非机动车停车

答案：C

指示标志：表示指示车辆、行人行进的含义，机动车驾驶人、行人要遵守。

标志				
含义	直行	向左转弯	向右转弯	直行和向右转弯

标志				
含义	直行和向左转弯	直行车道	左转车道	右转车道

(续)

标志	↑→	↑←	🚲	🚋
含义	直行和右转合用车道	直行和左转合用车道	电动自行车行驶	有轨电车专用车道
标志	🚲	🚶🚲	🚶🚲	↙↘
含义	电动自行车车道	非机动车与行人分开空间通行	非机动车与行人共享空间通行	向左和向右转弯
标志	↘	↙	↻	📯
含义	分隔带右侧行驶	分隔带左侧行驶	环岛行驶	鸣喇叭
标志	🚗	🚗	🚶🚲	🚚
含义	机动车行驶	机动车车道	非机动车推行	货车通行
标志	🚶	↰	🚶	🚲
含义	人行横道	允许掉头	人行横道	非机动车行驶

044　驾考宝典（适用D、E、F证）

(续)

标志	![非机动车车道]	![硬路肩允许行驶]	![硬路肩允许行驶路段即将结束]	![硬路肩允许行驶路段结束]
含义	非机动车车道	硬路肩允许行驶	硬路肩允许行驶路段即将结束	硬路肩允许行驶路段结束
标志	![开车灯]	![靠右侧车道行驶]	![小型客车车道]	![残疾人专用停车位]
含义	开车灯	靠右侧车道行驶	小型客车车道	残疾人专用停车位
标志	![校车专用停车位]	![公交车专用停车位]		
含义	校车专用停车位、校车停靠站点	公交车专用停车位、公交车停靠站点		

练习题

[单选题]

1) 指示标志的作用是什么？
   A. 限制车辆、行人通行　　B. 指示车辆、行人行进
   C. 告知方向信息　　　　　D. 警告前方危险

答案：B

2）这个标志是何含义？

A. 直行车道
B. 只准直行
C. 单行路
D. 禁止直行

答案：B

3）这个标志是何含义？

A. 直行车道
B. 单行路
C. 向左转弯
D. 禁止直行

答案：C

4）这个标志是何含义？

A. 直行车道
B. 只准直行
C. 单行路
D. 向右转弯

答案：D

5）这个标志是何含义？

A. 直行和向右转弯
B. 直行和向左转弯
C. 禁止直行和向右转弯
D. 只准向左和向右转弯

答案：A

6）这个标志是何含义？

A. 直行和向右转弯 B. 直行和向左转弯
C. 禁止直行和向左转弯 D. 只准向右和向左转弯

答案：B

7）这个标志是何含义？

A. 禁止向右转弯 B. 禁止向左转弯
C. 向左和向右转弯 D. 禁止向左右转弯

答案：C

8）这个标志是何含义？

A. 靠道路右侧停车 B. 只准向右转弯
C. 右侧是下坡路段 D. 分隔带右侧行驶

答案：D

9）这个标志是何含义？

A. 分隔带左侧行驶 B. 只准向左转弯
C. 左侧是下坡路段 D. 靠道路左侧停车

答案：A

10）这个标志是何含义？

A. 车道数减少　　　　　B. 硬路肩允许行驶路段即将结束
C. 分流处　　　　　　　D. 前方左转

答案：B

11）这个标志是何含义？

A. 注意开启远光灯　　　B. 注意减速
C. 指示开启车灯　　　　D. 注意开启前雾灯

答案：C

12）这个标志是何含义？

A. 右侧通行　　　　　　B. 左侧通行
C. 向右行驶　　　　　　D. 环岛行驶

答案：D

13）这个标志是何含义？

A. 必须鸣喇叭　　　　　B. 禁止鸣喇叭
C. 禁止鸣高音喇叭　　　D. 禁止鸣低音喇叭

答案：A

14）这个标志是何含义？

A. 人行横道　　　　　　B. 学校区域
C. 注意儿童　　　　　　D. 注意行人

答案：A

15）这个标志是何含义？

A. 只允许货车通行　　　B. 指示大型货车靠右侧车道行驶
C. 只允许小型汽车行驶　D. 指示大型货车通行

答案：B

16）这个标志是何含义？

A. 禁止小型车行驶　　　B. 机动车行驶
C. 只准小型车行驶　　　D. 不准小型车通行

答案：B

17）这个标志是何含义？

A. 小型车车道　　　　　B. 小型车专用车道
C. 机动车车道　　　　　D. 多乘员车辆专用车道

答案：C

18）这个标志是何含义？

A. 非机动车停车位　　B. 电动自行车行驶
C. 非机动车停放区　　D. 非机动车行驶

答案：D

19）这个标志是何含义？

A. 非机动车车道　　B. 禁止自行车通行车道
C. 自行车专用车道　　D. 停放自行车路段

答案：A

20）这个标志是何含义？

A. 掉头　　B. 倒车　　C. 左转　　D. 绕行

答案：A

21）这个标志是何含义？

A. 多乘员车辆专用车道　　B. 机动车车道
C. 小型客车车道　　D. 出租车专用车道

答案：C

22）这个标志是何含义？

A. 公交车专用车道　　B. 有轨电车专用车道
C. BRT 车辆专用车道　D. 大型客车专用车道

答案：B

23）这个标志是何含义？

A. 电动自行车车道　　B. 非机动车车道
C. 电动自行车行驶　　D. 非机动车行驶

答案：C

24）这个标志是何含义？

A. 电动自行车车道　　B. 非机动车车道
C. 非机动车行驶　　　D. 电动自行车行驶

答案：A

25）这个标志是何含义？

A. 机动车与行人通行
B. 非机动车与行人分开空间通行
C. 禁止机动车与行人通行
D. 非机动车与行人共享空间通行

答案：B

26) 这个标志是何含义？

A. 机动车与行人通行
B. 非机动车与行人共享空间通行
C. 禁止机动车与行人通行
D. 非机动车与行人分开空间通行

答案：B

27) 这个标志是何含义？

A. 非机动车与行人共享空间通行
B. 非机动车与行人分开空间通行
C. 非机动车推行
D. 非机动车骑行

答案：C

28) 这个标志是何含义？

A. 分流处
B. 硬路肩允许行驶起点
C. 车道数增加
D. 只准直行

答案：B

29) 这个标志是何含义？

A. 车道数减少
B. 硬路肩允许行驶终点
C. 禁止硬路肩行驶
D. 车道数增加

答案：B

30）这个标志是何含义？

A. 允许货车通行　　B. 允许客车通行
C. 禁止货车通行　　D. 绿色通道

答案：A

31）这个标志是何含义？

A. 学校区域　　B. 注意行人
C. 注意儿童　　D. 人行横道

答案：D

32）这个标志是何含义？

A. 注意残疾人　　　　B. 残疾人专用通道
C. 残疾人专用停车位　D. 残疾人出入口

答案：C

33）这个标志是何含义？

A. 禁止校车通行
B. 只允许校车通行

1　道路交通法律、法规及相关知识　053

C. 禁止校车停车

D. 校车专用停车位、校车停靠站点

答案：D

34）这个标志是何含义？

A. 大型客车停靠站台

B. 紧急停车带

C. 校车专用停车位

D. 公交车专用停车位、公交车停靠站点

答案：D

指路标志：表示道路信息的指引，为机动车驾驶人传递（提供）道路方向、地点和距离信息。

	一般道路指路标志		
标志	（电动汽车充电站图）	（观景台 300m 图）	
含义	电动汽车充电站	观景台	
	高速公路指路标志		
标志	ETC 电子收费	人工收费	出口 133B G55北 永州 ↓
含义	电子不停车收费车道	人工收费车道	直出车道出口方向

练习题

单选题

1) 这个标志是何含义？

   A. 高速公路加油站　　B. 电动汽车充电站
   C. 高速公路休息区　　D. 电动汽车服务区

   答案：B

2) 这个标志是何含义？

   A. 高速公路收费处　　B. 电子不停车收费车道
   C. 高速公路领卡处　　D. ETC 收费站入口

   答案：B

3) 这个标志是何含义？

   A. 高速公路领卡处　　B. 电子不停车收费车道
   C. 人工收费车道　　　D. ETC 收费车道

   答案：C

4) 这个标志是何含义？

A. 高速公路左侧出口预告　　B. 高速公路右侧出口预告
C. 高速公路直出车道指引　　D. 高速公路地点距离预告

答案：C

[判断题]

这个标志表示距离前方观景台还有300米。

答案：√

3 道路交通标线的分类

道路交通标线分为指示标线、警告标线、禁止标线。

练习题

[判断题]

道路交通标线分为指示标线、警告标线、禁止标线。

答案：√

4 交通警察手势的分类

交通警察的指挥分为手势信号和使用器具的交通指挥信号。在路口遇有交通信号灯和交通警察指挥不一致时，按照交通警察指挥通行。

练习题

[判断题]

在路口遇有交通信号灯和交通警察指挥不一致时，按照交通信号灯通行。

答案：✕

1.2.2 道路通行规定

1 机动车上道路行驶条件

机动车驾驶人在驾驶证丢失、损毁、超过有效期或者被依法扣留或暂扣期间，不得驾驶机动车。驾驶人饮酒、服用国家管制的精神药品或者麻醉药品，患有妨碍安全驾驶的疾病，或者过度疲劳影响安全驾驶的，不得驾驶机动车。

机动车参加安全技术检验的主要目的是检查车辆各项性能，及时消除车辆安全隐患，减少事故发生。驾驶人出车前，应检查冷却液、发动机润滑油、燃油等是否有渗漏现象。驾驶机动车上道路行驶前，应当对机动车的安全技术性能、轮胎的紧固和气压等进行认真检查；不得驾驶安全设施不全或者机件不符合技术标准等具有安全隐患的机动车。

练习题

[单选题]

1）出车前对轮胎进行哪些方面的检查？
   A. 轮胎的紧固和气压　　B. 什么也不用检查
   C. 轮胎有没有清洗　　　D. 备胎在什么位置

   答案：A

2）驾驶人在下列哪种情况下不能驾驶机动车？
   A. 饮酒后　　　　　　B. 喝茶后
   C. 喝咖啡后　　　　　D. 喝牛奶后

   答案：A

3）驾驶人出现下列哪种情况，不得驾驶机动车？
   A. 驾驶证丢失、损毁　　B. 驾驶证接近有效期

C. 记分达到 10 分　　　　　D. 记分达到 6 分

答案：A

4) 驾驶机动车上路行驶应当随车携带下列哪种证件？
A. 机动车保险单　　　　　B. 机动车行驶证
C. 出厂合格证明　　　　　D. 机动车登记证

答案：B

判断题

1) 饮酒后只要不影响驾驶操作可以短距离驾驶机动车。

答案：×

2) 出车前检查冷却液、发动机润滑油、燃油等是否有渗漏现象。

答案：√

3) 驾驶人的驾驶证损毁后不得驾驶机动车。

答案：√

4) 驾驶人持超过有效期的驾驶证可以在 1 年内驾驶机动车。

答案：×

5) 驾驶人的机动车驾驶证被依法扣留、暂扣的情况下不得驾驶机动车。

答案：√

6) 驾驶机动车上道路行驶应当按规定悬挂号牌。

答案：√

7) 驾驶机动车上路前，应当检查车辆安全技术性能。

答案：√

8) 不得驾驶具有安全隐患的机动车上道路行驶。

答案：√

2 灯光、喇叭的使用

机动车应当按照下列规定使用灯光。

1）向左转弯、向左变更车道、准备超车、驶离停车地点或者掉头时，应当提前开启左转向灯。

2）向右转弯、驶出环岛、向右变更车道、超车完毕驶回原车道、靠路边停车时，应当提前开启右转向灯。

3）驶入隧道前、在夜间没有路灯、照明不良或者遇有雾、雨、雪、沙尘、冰雹等低能见度情况下行驶时，应当开启前照灯、示廓灯和后位灯，雾天行驶还应当开启雾灯和危险报警闪光灯。

4）夜间、雪天、雾天临时停车时，应开启危险报警闪光灯、示廓灯和后位灯。雨天临时停车时，应开启危险报警闪光灯。

练习题

单选题

1）驾驶机动车在道路上向左变更车道时如何使用灯光？
  A. 不用开启转向灯　　B. 提前开启右转向灯
  C. 提前开启左转向灯　D. 提前开启近光灯

答案：C

2）驾驶机动车在道路上靠路边停车过程中如何使用灯光？
  A. 变换使用远近光灯　B. 不用指示灯提示
  C. 开启危险报警闪光灯　D. 提前开启右转向灯

答案：D

3）机动车在夜间临时停车时，应开启什么灯？
  A. 危险报警闪光灯、示廓灯和后位灯
  B. 前后雾灯、示廓灯和后位灯
  C. 倒车灯、示廓灯和后位灯
  D. 前照灯、示廓灯和后位灯

答案：A

4）机动车在雾天临时停车时，应开启什么灯？

  A. 倒车灯、示廓灯和后位灯

  B. 前照灯、示廓灯和后位灯

  C. 危险报警闪光灯、示廓灯和后位灯

  D. 左转向灯、示廓灯和后位灯

答案：C

5）机动车在雪天临时停车时，应开启什么灯？

  A. 倒车灯、示廓灯和后位灯

  B. 前后雾灯、示廓灯和后位灯

  C. 危险报警闪光灯、示廓灯和后位灯

  D. 前照灯、示廓灯和后位灯

答案：C

6）驾驶机动车在雨天临时停车注意什么？

  A. 开启前后雾灯　　　　B. 开启近光灯

  C. 开启危险报警闪光灯　　D. 在车后设置警告标志

答案：C

7）机动车驶入双向行驶隧道前，要如何使用灯光？

  A. 开启远光灯　　　　B. 开启危险报警闪光灯

  C. 开启雾灯　　　　　D. 开启近光灯

答案：D

8）机动车在雨天临时停车时，应开启什么灯？

  A. 前后雾灯　　　　　B. 前照灯

  C. 危险报警闪光灯　　D. 倒车灯

答案：C

判断题

1）驾驶机动车在道路上超车时可以不使用转向灯。

答案：×

2）驾驶机动车在道路上掉头时，应该提前开启左转向灯。

答案：√

3）驾驶机动车在道路上向右变更车道可以不使用转向灯。

答案：×

4）驾驶机动车在沙尘天气条件下行车不用开启前照灯、示廓灯和后位灯。

答案：×

5）夜间驾驶机动车通过人行横道时需要交替使用远近光灯。

答案：√

6）夜间驾驶机动车在照明条件良好的路段可以不使用灯光。

答案：×

7）在雪天临时停车要开启前照灯和雾灯。

答案：×

8）驾驶机动车在大雾天临时停车后，只开启雾灯和近光灯。

答案：×

9）驾驶机动车在雾天行车要开启雾灯。

答案：√

10）驾驶机动车在雾天行车开启雾灯和危险报警闪光灯。

答案：√

11）驾驶机动车上坡时，在将要到达坡道顶端时要加速并鸣喇叭。

答案：×

12）雾天行车为了提高能见度，应该开启远光灯。

答案：×

13）大雾天气行车能见度低，开启远光灯会提高能见度。

答案：×

14）雾天公路行车多使用喇叭可引起对方机动车注意，听到对方机动车鸣喇叭，也要鸣喇叭回应。

答案：√

3 有划分车道的道路通行

在道路同方向划有2条以上机动车道的，左侧为快速车道，右侧为慢速车道。摩托车应当在最右侧车道行驶。

练习题

判断题

在道路同方向划有2条以上机动车道的，摩托车应当在最左侧车道行驶。

答案：×

4 机动车超车、让超车规定

驾驶机动车超车时，为了提醒后车以及前车驾驶人，应当提前开启左转向灯，变换使用远、近光灯或者鸣喇叭。在确认有充足的安全距离后，从前车的左侧超越，在与被超车辆拉开必要的安全距离后，开启右转向灯，驶回右侧原车道。

驾驶机动车超车时，如果无法保证与被超车辆的安全间距，应主动放弃超车。超车过程中遇到对向来车时，继续超车易与对面机动车发生刮擦、相撞，要放弃超车。

驾驶机动车行经铁路道口、交叉路口、窄桥、弯道、陡坡、隧道、人行横道、市区交通流量大的路段时，不得超车。遇到前车正在左转弯、掉头、超车或与对面来车有会车可能时，不得超车。遇风、雨、雪、雾等复杂气象条件时，不得超车。

正在被其他车辆超越时，若此时后方有跟随行驶的车辆，应该向右侧行驶，保证横向安全距离。

练习题

单选题

1) 驾驶机动车在下列哪种情形下不能超越前车?
   A. 前车减速让行
   B. 前车正在左转弯
   C. 前车靠边停车
   D. 前车伸手示意让行

   答案：B

2) 同车道行驶的车辆遇前车有下列哪种情形时不得超车?
   A. 正在停车
   B. 减速让行
   C. 正常行驶
   D. 正在超车

   答案：D

3) 同车道行驶的车辆遇前车有下列哪种情形时不得超车?
   A. 正在停车
   B. 减速让行
   C. 正在掉头
   D. 正常行驶

   答案：C

4) 同车道行驶的车辆前方遇到下列哪种车辆不得超车?
   A. 执行任务的警车
   B. 超载大型货车
   C. 大型客车
   D. 城市公交车

   答案：A

5) 同车道行驶的车辆前方遇到下列哪种车辆不得超车?
   A. 超载大型货车
   B. 大型客车
   C. 执行任务的救护车
   D. 小型货车

   答案：C

6) 同车道行驶的车辆前方遇到下列哪种车辆不得超车?
   A. 超载大型货车
   B. 执行任务的消防车
   C. 大型客车
   D. 中型客车

   答案：B

7) 驾驶机动车行经市区下列哪种道路时不得超车？
   A. 主要街道　　　　　　B. 单向行驶路段
   C. 交通流量大的路段　　D. 单向两条行车道
   答案：C

8) 驾驶机动车行经下列哪种路段时不得超车？
   A. 主要街道　　　　　　B. 高架路
   C. 人行横道　　　　　　D. 环城高速
   答案：C

9) 驾驶机动车行经下列哪种路段时不得超车？
   A. 高架路　　　　　　　B. 交叉路口
   C. 环城高速　　　　　　D. 中心街道
   答案：B

10) 驾驶机动车在下列哪种路段不得超车？
    A. 山区道路　　　　　　B. 城市高架路
    C. 城市快速路　　　　　D. 窄桥、弯道
    答案：D

11) 超车时，发现前方机动车正在超车、驾驶人怎么办？
    A. 连续鸣喇叭催前车让路
    B. 加速强行超越
    C. 紧跟其后，伺机超越
    D. 停止超车，让前方机动车先超车
    答案：D

12) 超车时，前方车辆不减速、不让道，驾驶人应怎么办？
    A. 紧跟其后，伺机再超
    B. 停止继续超车
    C. 加速继续超车
    D. 连续鸣喇叭加速超车
    答案：B

13）驾驶机动车在夜间超车时怎样使用灯光？
A. 变换远、近光灯　　　B. 开启雾灯
C. 开启远光灯　　　　　D. 关闭前照灯

答案：A

判断题

1）驾驶机动车超车应该提前开启左转向灯、变换使用远近光灯或鸣喇叭。

答案：√

2）驾驶机动车超车后立即开启右转向灯驶回原车道。

答案：×

3）机动车行经城市没有列车通过的铁路道口时允许超车。

答案：×

4）驾驶机动车在隧道、陡坡等特殊路段不得超车。

答案：√

5）驾驶机动车在道路上超车完毕驶回原车道时开启右转向灯。

答案：√

6）预计在超车过程中与对面来车有会车可能时，应提前加速超越。

答案：×

7）驾驶机动车通过急转弯路段时，在车辆较少的情况下可以超车。

答案：×

8）驾驶机动车在道路上超车时，可以不使用转向灯。

答案：×

9）机动车行经交叉路口，不得超车。

答案：√

10）雨天超车要开启前照灯，连续鸣喇叭迅速超越。

答案：✕

11）摩托车在山区道路下急坡时，切忌超车。

答案：✓

5 跟车距离的保持要求

跟车行驶，要随时注意观察前车的动态。在山区道路跟车行驶要适当加大安全距离，在山区冰雪道路遇有前车正在爬坡时，应选择适当地点停车，等前车通过后再爬坡。

练习题

单选题

1）驾驶机动车在山区道路怎样跟车行驶？
　　A. 减小纵向间距　　　　B. 紧随前车之后
　　C. 尽快超越前车　　　　D. 加大安全距离

答案：D

2）驾驶机动车在冰雪路面怎样跟车行驶？
　　A. 不断变换前照灯远近光　　B. 开启危险报警闪光灯
　　C. 适时鸣喇叭提示前车　　　D. 保持较大的安全距离

答案：D

6 交叉路口通行

机动车通过有交通信号灯控制的交叉路口，应当遵守交通信号，向右转弯遇有同车道前车正在等候放行信号时，依次停车等候。

机动车通过没有交通信号灯控制也没有交通警察指挥的交叉路口，应当减速慢行。

相对方向行驶的右转弯的机动车让左转弯的车辆先行。

驾驶机动车从辅路汇入主路车流时，要注意观察主路车流动态，减速缓慢行驶，在不影响其他车辆正常行驶的情况下，安全汇入主路车流。

练习题

[单][选][题]

1) 驾驶机动车在路口右转弯遇同车道前车等候放行信号时如何行驶？
   A. 依次停车等候　　　　B. 鸣喇叭让前车让路
   C. 从右侧占道转弯　　　D. 从前车左侧转弯

   答案：A

2) 驾驶机动车通过没有交通信号的交叉路口怎样行驶？
   A. 减速慢行　　　　　　B. 加速通过
   C. 大型车先行　　　　　D. 左侧车辆先行

   答案：A

[判][断][题]

1) 驾驶机动车通过交叉路口要遵守交通信号。

   答案：√

2) 驾驶机动车在没有交通信号的路口要尽快通过。

   答案：×

3) 驾驶机动车通过没有交通信号灯控制也没有交通警察指挥的交叉路口，相对方向行驶的右转弯的机动车让左转弯的车辆先行。

   答案：√

4) 驾驶机动车从辅路汇入主路车流时要迅速。

   答案：×

7 机动车变更车道规定

在道路同方向划有 2 条以上机动车道的，变更车道的机动车不得影响相关车道内行驶的机动车的正常行驶。变更车道前，应仔细观察变道一侧车道车流情况，确认没有影响变更车道的安全隐患后，开启转向灯提示其他车辆，缓慢向一侧变更车道。不得随意变更车道，不得迅速转向驶入相应的车道，妨碍同车道机动车正常行驶。

练习题

[单][选][题]

1) 驾驶机动车在道路上变更车道时，需要注意什么？
   A. 开启转向灯迅速向左转向
   B. 进入左侧车道时适当减速
   C. 不能影响其他车辆正常行驶
   D. 尽快加速进入左侧车道

   答案：C

2) 驾驶机动车变更车道时，属于交通陋习的是什么行为？
   A. 不妨碍其他车道正常行驶的车辆
   B. 随意并线
   C. 仔细观察后变更车道
   D. 提前开启转向灯

   答案：B

[判][断][题]

1) 行车中不开转向灯强行并线是违法行为。

   答案：√

2）驾驶人在确认后方无来车的情况下，可以不开转向灯变更车道。

答案：×

3）驾驶人频繁变更车道不属于驾驶陋习。

答案：×

8 机动车限速通行

驾驶机动车上道路行驶，有交通标志标明行驶速度的，按照标明的行驶速度行驶，不得超过限速标志标明的最高时速。

在同方向只有 1 条机动车道的城市道路上，最高行驶速度为每小时 50 公里。在同方向只有 1 条机动车道的公路上，最高行驶速度为每小时 70 公里。

驾驶机动车遇雨、雾、冰雹、结冰、沙尘等气象条件时，应降低行驶速度。

机动车行驶中遇有下列情形之一的，最高行驶速度不得超过每小时 30 公里。

1）进出非机动车道，通过铁路道口、急弯路、窄路、窄桥时。

2）掉头、转弯、下陡坡时。

3）遇雾、雨、雪、沙尘、冰雹，能见度在 50 米以内时。

4）在冰雪、泥泞的道路上行驶时。

练习题

单选题

1）如图所示，驾驶机动车在同方向只有 1 条机动车道的公路上行驶，最高速度不能超过每小时多少公里？

A. 60 公里/小时　　　　B. 40 公里/小时
C. 50 公里/小时　　　　D. 70 公里/小时

答案：D

2）驾驶机动车在进出非机动车道时，最高速度不能超过多少？
A. 30 公里/小时　　　　B. 40 公里/小时
C. 50 公里/小时　　　　D. 60 公里/小时

答案：A

3）驾驶机动车通过铁路道口时，最高速度不能超过多少？
A. 15 公里/小时　　　　B. 20 公里/小时
C. 30 公里/小时　　　　D. 40 公里/小时

答案：C

4）驾驶机动车通过急弯路时，最高速度不能超过多少？
A. 20 公里/小时　　　　B. 30 公里/小时
C. 40 公里/小时　　　　D. 50 公里/小时

答案：B

5）驾驶机动车通过窄路、窄桥时，最高速度不能超过多少？
A. 60 公里/小时　　　　B. 50 公里/小时
C. 40 公里/小时　　　　D. 30 公里/小时

答案：D

6）驾驶机动车下陡坡、转弯、掉头时，最高速度不能超过多少？
A. 30 公里/小时　　　　B. 40 公里/小时
C. 50 公里/小时　　　　D. 60 公里/小时

答案：A

7) 驾驶机动车遇到沙尘、冰雹、雨、雾、结冰等气象条件如何行驶?
   A. 按平常速度行驶　　　　B. 保持匀速行驶
   C. 适当提高车速　　　　　D. 降低行驶速度

   答案：D

8) 驾驶机动车遇雾、雨、雪等，能见度在50米以内时，最高速度不能超过多少?
   A. 70公里/小时　　　　　B. 50公里/小时
   C. 40公里/小时　　　　　D. 30公里/小时

   答案：D

9) 驾驶机动车在泥泞道路行驶时，最高速度不能超过多少?
   A. 15公里/小时　　　　　B. 20公里/小时
   C. 30公里/小时　　　　　D. 40公里/小时

   答案：C

【判断题】

1) 驾驶机动车上道路行驶，不允许超过限速标志标明的最高时速。

   答案：√

2) 驾驶机动车在没有中心线的城市道路上，最高行驶速度是每小时50公里。

   答案：×

3) 驾驶机动车在没有中心线的公路上，最高速度是每小时70公里。

   答案：×

4) 驾驶机动车掉头、转弯、下陡坡时的最高速度不能超过每小时40公里。

   答案：×

5) 驾驶机动车通过窄路、窄桥时的最高速度不能超过每小时 30 公里。

答案：√

9 机动车会车规定

驾驶机动车在没有中心隔离设施或者没有中心线的道路上，遇相对方向来车时应当减速靠右行驶。驾驶摩托车通过立交桥时，不得掉头、倒车更改行驶路线。

驾驶机动车在有障碍的路段会车，无障碍的一方先行；但有障碍的一方已驶入障碍路段而无障碍的一方未驶入时，有障碍的一方先行。

驾驶机动车在狭窄的山路会车，靠山体的一方相对安全，不靠山体的一方优先行驶。在狭窄的坡路会车时，上坡的一方先行；但下坡的一方已行至中途而上坡的一方未上坡时，下坡的一方先行。

驾驶机动车夜间会车应当在距相对方向来车 150 米以外改用近光灯，夜间在窄路、窄桥与非机动车会车时应当使用近光灯。

练习题

[单选题]

1) 驾驶机动车在没有中心线的道路上遇相对方向来车时怎样行驶？
   A. 减速靠右行驶　　　　　　B. 借非机动车道行驶
   C. 紧靠路边行驶　　　　　　D. 靠路中心行驶

答案：A

2) 会车中道路一侧有障碍，双方机动车应如何做？
   A. 有障碍的一方让对向先行　B. 速度慢的让速度快的先行
   C. 速度快的让速度慢的先行　D. 无障碍一方让对向先行

答案：A

3）驾驶机动车在没有道路中心线的狭窄山路应怎样会车？
   A. 速度慢的先行　　　　B. 重车让空车先行
   C. 靠山体的一方先行　　D. 不靠山体的一方先行

答案：D

4）夜间驾驶机动车在道路上会车时，距离对向来车多远将远光灯改为近光灯？
   A. 200米以外　　　　　B. 150米以外
   C. 100米以内　　　　　D. 50米以内

答案：B

5）夜间驾驶机动车在窄路、窄桥会车应怎样使用灯光？
   A. 关闭所有灯光　　　　B. 开启近光灯
   C. 关闭前照灯　　　　　D. 开启远光灯

答案：B

6）机动车在狭窄的坡路会车时，正确的会车方法是什么？
   A. 下坡车让上坡车
   B. 坡顶交会时距离坡顶远的一方让行
   C. 下坡车已行至中途而上坡车未上坡时，让上坡车
   D. 上坡车让下坡车

答案：A

判断题

1）在正常行车中，尽量靠近中心线或压线行驶，不给对向机动车留有侵占行驶路线的机会。

答案：×

2）摩托车通过立交桥时，如发现选择路线错误，应立即在原地掉头或倒车更改路线。

答案：×

10　铁路道口通行

　　驾驶机动车通过没有交通信号,也没有管理人员的铁路道口,要停车观察,确认安全后通过。通过铁路道口时,应使用低速挡安全通过,中途不得换挡,以避免发动机熄火。

练习题

[单选题]

驾驶机动车通过没有交通信号和管理人员的铁路道口应怎样通过?

A. 适当减速通过　　　　B. 空挡滑行通过

C. 停车确认安全后通过　D. 加速尽快通过

答案：C

11　缓行、拥堵路段或路口通行

　　机动车遇有前方交叉路口交通阻塞时,应当依次停在路口以外等候,不得进入路口,即使路口绿灯亮也不能驶入交叉路口,应依次停在路口外等候。等前方道路疏通后,且信号灯为绿灯时方可继续行驶。

　　在遇有前方机动车停车排队等候或者缓慢行驶时,应当依次排队行驶,不得从前方车辆两侧穿插或者超越行驶,不得在人行横道内停车等候。在车道减少的路口、路段,遇有前方机动车停车排队等候或者缓慢行驶的,应当每车道一辆依次交替驶入车道减少后的路口、路段。

练习题

[单选题]

1) 驾驶机动车遇到前方车辆停车排队等候或缓慢行驶时怎么办?

A. 可借道超车　　　　B. 占用对面车道

C. 穿插等候的车辆　　D. 依次行驶

答案：D

2) 驾驶机动车在车道减少的路口，遇到前方车辆依次停车或缓慢行驶时怎么办？

A. 从前车右侧路肩进入路口

B. 从有空隙一侧进入路口

C. 每车道一辆依次交替驶入路口

D. 向左变道穿插进入路口

答案：C

3) 驾驶机动车遇有前方交叉路口交通阻塞时怎么办？

A. 依次停在路口外等候

B. 可借对向车道通过

C. 从前车两侧穿插通过

D. 进入路口内等候

答案：A

4) 驾驶机动车驶出地下车库，遇车流量较大时，以下做法正确的是什么？

A. 依次排队等候通过

B. 穿插车流尽快驶出

C. 在确认安全的情况下从车库入口驶出

D. 鸣喇叭提醒其他车辆让行

答案：A

判断题

驾驶机动车在没有交通信号的路口遇到前方车辆缓慢行驶时要依次交替通行。

答案：√

12 漫水路、漫水桥、泥泞路通行

机动车行经漫水路或者漫水桥时，应当停车察明水情，确认安全后，低速、车速均匀有足够的动力通过涉水路段，避免停留。跟车行驶，应适当增加车距。涉水后，应保持低速行驶，间断轻踩制动踏板，以恢复制动效能。

泥泞道路对安全行车的主要影响是车轮极易滑转和侧滑，摩托车在泥泞路上制动时，车轮易发生侧滑或甩尾，导致交通事故。车辆行至泥泞或翻浆路段时，应停车观察，选择平整、坚实的路段缓慢通过。

练习题

[单选题]

1）驾驶机动车通过漫水桥，停车观察水情确认安全后，怎样通过？
 A. 挂高速挡快速通过
 B. 挂低速挡匀速通过
 C. 时刻观察水流的变化
 D. 做好随时停车准备

答案：B

2）在泥泞路段行车容易出现什么现象？
 A. 车轮侧滑
 B. 机动车颠簸
 C. 方向失控
 D. 行驶阻力大

答案：A

[判断题]

1）驾驶机动车通过漫水路时要加速行驶。

答案：×

2）驾驶机动车遇到漫水桥时要察明水情，确认安全后再低速通过。

答案：√

3）漫水道路行车时，要挂高速挡，快速通过。

答案：×

4）驾驶摩托车在泥泞路上制动时，车轮易发生侧滑或甩尾，导致交通事故。

答案：√

5）涉水驾驶要保持车速均匀有足够动力，避免停留。

答案：√

6）机动车涉水后，驾驶人要间断轻踩制动踏板，以恢复制动效能。

答案：√

7）泥泞路对安全行车的影响是车轮极易空转和侧滑。

答案：√

8）驾驶机动车通过漫水路时，驾驶人要挂低速挡匀速通过。

答案：√

9）机动车行至泥泞或翻浆路段时，应停车观察，选择平整、坚实的路段缓慢通过。

答案：√

10）摩托车涉水后，制动器的制动效果不会改变。

答案：×

13 避让行人和非机动车

驾驶机动车看到人行横道预告标志，应提前减速。行经人行横道时，应当减速行驶，注意观察行人、非机动车动态，确认安全后再通过。遇行人正在通过人行横道，应当停车让行。行驶车道绿灯亮，但车辆前方人行横道仍有行人行走时，等行人通过后再起步。

驾驶机动车遇到行人绕行停在路边的机动车时，应主动减速，保持足够的间距，随时准备停车。

雨天行车，遇撑雨伞和穿雨衣的行人在公路上行走时，提前鸣喇叭，并适当降低车速。

遇有非机动车准备绕行停放的车辆占道影响通行时，应让其先行。

练习题

[单选题]

驾驶机动车在雨天遇到撑雨伞和穿雨衣的行人在路边行走怎样礼让？

A. 提前减速鸣喇叭 B. 加速从左侧绕行
C. 以正常速度行驶 D. 临近鸣喇叭示意

答案：A

[判断题]

1）如图所示，驾驶机动车遇到这种情况，即使人行横道上没有行人，也不能加速通过。

答案：√

2）如图所示，驾驶机动车在人行横道前遇到这种情况要停车让行。

答案：√

3）驾驶机动车遇到骑自行车的人占道影响通行时，可连续鸣喇叭加速从其左侧绕行。

答案：✕

4）驾驶机动车遇到成群青少年绕过路边停放的机动车时，要主动减速让行。

答案：√

5）机动车行驶中遇有自行车借道通行时，可急促鸣喇叭示意让道。

答案：✕

14 避让特种车、道路养护作业车辆

警车、消防车、救护车、工程救险车执行紧急任务时，其他车辆和行人应当主动让行。道路养护车辆、工程作业车进行作业时，过往车辆和人员应当注意避让。

练习题

[单选题]

行车中遇抢救伤员的救护车从本车道逆向驶来时，应怎样做？

A. 靠边减速或停车让行　　B. 占用其他车道行驶
C. 加速变更车道避让　　　D. 在原车道内继续行驶

答案：A

1 道路交通法律、法规及相关知识　079

[判断题]

1) 行车中遇到执行紧急任务的消防车、救护车、工程救险车时要及时让行。

答案：√

2) 行车中遇到正在进行作业的道路养护车辆、工程作业车时要注意避让。

答案：√

15 专用车道的要求

在专用车道内，只准许规定的车辆通行，其他车辆不得进入专用车道内行驶。

练习题

[判断题]

道路划设专用车道的，在专用车道内，其他机动车可以借道超车。

答案：✗

16 摩托车载人载物规定

摩托车载物，高度从地面起不得超过1.5米，长度不得超出车身0.2米。两轮摩托车载物宽度左右各不得超出车把0.15米；三轮摩托车载物宽度不得超过车身。

摩托车行驶时，驾驶人及乘坐人员应当按规定戴安全头盔。乘坐两轮摩托车应当正向骑坐。侧身乘坐摩托车，一旦发生侧滑，由于重心不稳，会被甩出造成伤亡。摩托车后座不得乘坐未满12周岁的未成年人，轻便摩托车不得载人。

练习题

单选题

1) 下列关于三轮摩托车载物宽度的说法正确的是哪一项？

   A. 不得超过车身 0.15 米

   B. 不得超过车身

   C. 不得超过车身 0.20 米

   D. 不得超过车身 0.25 米

   答案：B

2) 下列关于轻便摩托车的说法正确的是哪一项？

   A. 可乘载 18 周岁以上的成年人

   B. 可乘载未满 12 周岁的未成年人

   C. 可乘载学龄前儿童

   D. 不得载人

   答案：D

3) 下列哪一种防护装备是摩托车驾驶人按规定应当佩戴的？

   A. 眼镜　　　　　　　B. 手套

   C. 安全头盔　　　　　D. 护膝

   答案：C

4) 摩托车后座不得乘坐未满多少岁的未成年人？

   A. 12 岁　　B. 10 岁　　C. 8 岁　　D. 6 岁

   答案：A

判断题

1) 摩托车驾驶人及乘坐人员应当按规定戴安全头盔。

   答案：√

2) 轻便摩托车只允许乘载学龄前儿童。

   答案：×

3）乘坐两轮摩托车应当侧向骑坐。

答案：×

4）侧身乘坐摩托车极不安全，一旦发生侧滑，由于重心不稳，会被甩出造成伤亡。

答案：√

5）乘坐摩托车的人，不必戴安全头盔。

答案：×

17　驾驶摩托车禁止行为

驾驶摩托车不得有下列行为：

1）拨打接听手持电话、观看电视等妨碍安全驾驶的行为。

2）下陡坡时熄火或者空挡滑行。

3）驾驶摩托车手离车把或者在车把上悬挂物品。

4）连续驾驶超过4小时未停车休息或者停车休息时间少于20分钟。

练习题

【单选题】

1）驾驶人连续驾驶不得超过多长时间？

　A. 4小时　　B. 6小时　　C. 8小时　　D. 10小时

答案：A

2）驾驶人连续驾驶4小时以上，停车休息的时间不得少于多少？

　A. 5分钟　　B. 10分钟　　C. 15分钟　　D. 20分钟

答案：D

3）驾驶机动车下陡坡时不得有哪种危险行为？

　A. 提前减挡　　　　　　B. 空挡滑行

　C. 低挡行驶　　　　　　D. 制动减速

答案：B

4) 驾驶人边驾车边吸烟的做法有什么影响？
   A. 可缓解驾驶疲劳　　　　B. 不影响驾驶操作
   C. 可提高注意力　　　　　D. 妨碍安全驾驶
   答案：D

5) 下列关于驾驶摩托车的说法正确的是哪一项？
   A. 严禁原地转动转向把　　B. 双手可以临时离开转向把
   C. 可以随意操作转向把　　D. 严禁双手同时离开转向把
   答案：D

判断题

1) 驾驶摩托车时可单手离开车把，但不得双手同时离把。
   答案：✕

2) 驾驶摩托车时不得在车把上悬挂物品。
   答案：√

3) 驾驶机动车不得有拨打接听手持电话、观看电视等妨碍安全驾驶的行为。
   答案：√

4) 驾驶人一边驾车，一边打手持电话是违法行为。
   答案：√

5) 驾驶人一边驾车，一边吸烟对安全行车无影响。
   答案：✕

6) 女驾驶人穿高跟鞋驾驶车辆，不利于安全行车。
   答案：√

18　机动车停车规定

机动车应当在规定地点（停车泊位）停放。在道路上临时停车的，不得妨碍其他车辆和行人通行。在道路上临时停车，应当遵守下列规定：

1）在人行横道、施工地段，不得停车。

2）交叉路口、铁路道口、急弯路、宽度不足 4 米的窄路、桥梁、陡坡、隧道以及距离上述地点 50 米以内的路段，不得停车。

3）公共汽车站、急救站、加油站、消防栓或者消防队（站）门前以及距离上述地点 30 米以内的路段，除使用上述设施的以外，不得停车。

练习题

单选题

1）驾驶机动车需要在路边停车时怎样选择停车地点？
A. 在人行道上停放
B. 在路边随意停放
C. 在停车泊位内停放
D. 靠左侧路边逆向停放

答案：C

2）机动车停车的错误做法是什么？
A. 在规定的地点停放
B. 禁止在人行道上停放
C. 在道路上临时停车时，不得妨碍其他车辆和行人通行
D. 可以停放在非机动车道上

答案：D

判断题

1）在道路上临时停车不得妨碍其他车辆和行人通行。

答案：√

2）驾驶机动车找不到停车位时可以借人行道停放。

答案：×

3）距离交叉路口 50 米以内的路段不能停车。

答案：√

4) 社会车辆在距离消防栓或者消防队（站）门前30米以内的路段不能停车。

答案：√

5) 距离桥梁、陡坡、隧道50米以内的路段不能停车。

答案：√

6) 距离宽度不足4米的窄路50米以内的路段不能停车。

答案：√

19 机动车故障处置

机动车在道路上发生故障，需要停车排除故障时，驾驶人应当立即开启危险报警闪光灯，将机动车移至不妨碍交通的地方停放。

机动车在道路上发生故障或者发生交通事故，妨碍交通又难以移动的，应当按照规定开启危险报警闪光灯，并在车后50米至100米处设置警告标志，夜间还应当同时开启示廓灯和后位灯。

练习题

[单][选][题]

机动车在道路上发生故障，需要停车排除时，驾驶人应该怎么办？

A. 就地停车排除故障　　B. 开启近光灯或雾灯
C. 将车停到不妨碍交通的地方　　D. 将车停在道路中间

答案：C

[判][断][题]

1) 机动车在道路上发生故障难以移动时要在车后50米以内设置警告标志。

答案：✗

2）机动车在夜间道路上发生故障难以移动时，要开启危险报警闪光灯、示廓灯、后位灯。

答案：√

20 牵引故障机动车

摩托车不得牵引车辆或者被其他车辆牵引。

练习题

|判|断|题|

摩托车不得牵引车辆或者被其他车辆牵引。

答案：√

1.2.3 安全驾驶相关知识

1 安全驾驶行为

为了保证用脚换挡的灵活、准确而可靠，驾驶摩托车应当穿着有脚后跟、鞋底不容易滑的鞋或靴，但不得穿高跟鞋。驾驶摩托车应穿着颜色鲜明的长袖及长裤，易被其他交通参与者发现。驾驶摩托车前，必须带好安全头盔，调整后视镜的角度至能够看清楚左右两侧后方情况。

练习题

|判|断|题|

1）驾驶摩托车，应穿着颜色鲜明的长袖及长裤服装，易被其他交通参与者发现。

答案：√

2）驾驶摩托车前必须戴好安全头盔，调整后视镜的角度至能够看清左右两侧后方情况。

答案：√

3）穿高跟鞋驾驶摩托车，不利于安全行车。

答案：√

4）驾驶摩托车时应当穿着有脚后跟、鞋底不容易滑的鞋或靴，以保证用脚换挡的灵活、准确而可靠。

答案：√

2 起步安全驾驶

驾驶机动车在路边起步前，要对车辆周围交通情况进行观察，确认安全时再开始起步。起步后应随时注意两侧道路情况，缓慢提速，并向左缓慢转向驶入正常行驶道路。汇入车流时，不得影响其他机动车通行。

练习题

判断题

1）机动车起步前，驾驶人应对车辆周围交通情况进行观察，确认安全时再开始起步。

答案：√

2）机动车在路边起步后应尽快提速，并向左迅速转向驶入正常行驶道路。

答案：×

3）机动车在路边起步后，应随时注意机动车两侧道路情况，向左缓慢转向，逐渐驶入正常行驶道路。

答案：√

4）驾驶机动车汇入车流时不得影响其他机动车通行。

答案：√

3　摩托车安全制动

驾驶摩托车使用制动时，先使用后轮制动，后使用前轮制动。摩托车高速行驶时，仅使用前制动，驾驶人易因惯性从车上甩出摔伤。驾驶摩托车跟车行驶中，驾驶人在注意与前车保持安全距离的同时，也要谨慎制动，防止被后车追尾。摩托车在较高速度转弯过程中，应当尽量不用或少用制动，否则易产生侧滑。

练习题

[单选题]

关于使用摩托车制动，错误的做法是哪一项？

A. 先使用前轮制动　　B. 不能过早使用前制动

C. 先使用后轮制动　　D. 同时使用前后制动

答案：A

[判断题]

1）驾驶摩托车使用制动时，先使用前轮制动，后使用后轮制动。

答案：×

2）摩托车高速行驶时，仅使用前制动，驾驶人易因惯性从车上甩出摔伤。

答案：√

3）摩托车在较高速度转弯过程中，应当尽量不用或少用制动，否则易产生侧滑。

答案：√

4）在行驶中，驾驶人在注意与前车保持安全距离的同时，也要谨慎制动，防止被后车追尾。

答案：√

5）在道路上跟车行驶时，跟车距离不是主要的，只须保持与前车相等的速度，即可以防止发生追尾事故。

答案：✗

4 夜间安全驾驶

机动车在夜间行驶，应降低速度、谨慎驾驶。会车前，两车在相距150米之外交替变换前照灯远近光，便于双方观察前方情况。夜间驾驶机动车通过照明条件良好的路段或者在照明条件良好的路段跟车行驶时，应使用近光灯。通过没有交通信号灯控制的交叉路口时，交替使用远近光灯示意。夜间驾驶机动车超车遇前车不让路时，应保持距离等待让行。夜间驾驶机动车在窄路或者窄桥遇自行车对向驶来时，应使用近光灯。

练习题

【单选题】

1）夜间驾驶机动车通过照明条件良好的路段时，要怎样使用灯光？
  A. 使用近光灯　　　　　B. 使用危险报警闪光灯
  C. 使用前后雾灯　　　　D. 使用远光灯

答案：A

2）在夜间驾驶机动车通过没有交通信号灯控制的交叉路口时，要怎样使用灯光？
  A. 使用危险报警闪光灯　B. 使用远光灯
  C. 交替使用远近光灯示意　D. 使用近光灯

答案：C

3）夜间驾驶机动车在照明条件良好的路段跟车行驶怎样使用灯光？
  A. 使用远光灯　　　　　B. 关闭前照灯
  C. 使用近光灯　　　　　D. 关闭所有车灯

答案：C

4) 夜间驾驶机动车超车遇前车不让路时怎样处置?
   A. 保持距离等待让行　　B. 连续鸣喇叭提示
   C. 连续变换前照灯远近光　D. 开远光灯尾随行驶

   答案：A

5) 夜间会车前，两车在相距150米之外交替变换前照灯远近光的作用是什么？
   A. 便于双方观察前方情况　B. 驾驶人之间的一种礼节
   C. 驾驶操作的习惯行为　　D. 会车前两车之间相互提示

   答案：A

6) 机动车在夜间行驶如何保证安全？
   A. 降低速度，谨慎驾驶
   B. 保持现有速度行驶
   C. 以超过规定的最高车速行驶
   D. 以最高设计车速行驶

   答案：A

7) 夜间驾驶机动车在窄路或者窄桥遇自行车对向驶来时，要怎样使用灯光？
   A. 使用示廓灯　　　　B. 连续变换远近光灯
   C. 使用近光灯　　　　D. 使用远光灯

   答案：C

5　雨天安全驾驶

雨天对安全行车的主要影响是路面湿滑，机动车在湿滑路面上行驶时，路面附着力随着车速的增加急剧减小。行车中使用紧急制动减速时，容易发生侧滑，引发交通事故。在大雨天气行车，为避免发生"水滑"而造成危险，要控制速度行驶。

练习题

[单选题]

1) 机动车在湿滑路面上行驶时，路面附着力随着车速的增加如何变化？

   A. 急剧减小　　　　　　B. 逐渐增大

   C. 急剧增大　　　　　　D. 没有变化

   答案：A

2) 湿滑路面制动过程中，发现车辆偏离方向，以下哪种做法正确？

   A. 连续轻踩制动踏板　　B. 用力踩制动踏板

   C. 不要踩制动踏板　　　D. 任意踩制动踏板

   答案：C

[判断题]

1) 在雨天湿滑路面行车要尽量避免紧急制动。

   答案：√

2) 在大雨天气行车，为避免发生"水滑"而造成危险，要控制速度行驶。

   答案：√

6 雾天安全驾驶

雾天对安全行车的主要影响是能见度低，视线不清。雾天跟车行驶，应保持大纵向间距。会车时，两车应低速行驶并保持大横向间距。遇有浓雾或特大雾天气能见度过低，行车困难时，应开启危险报警闪光灯和雾灯，选择安全地点停车。

练习题

[单选题]

1）雾天对安全行车的主要影响是什么？
　　A. 视野变宽　　　　　　B. 易发生侧滑
　　C. 行驶阻力大　　　　　D. 能见度低
　　　　　　　　　　　　　　　　　答案：D

2）驾驶机动车遇到大雾或特大雾等能见度过低天气时如何行驶？
　　A. 紧靠路边低速行驶　　B. 开启雾灯低速行驶
　　C. 开启前照灯低速行驶　D. 选择安全地点停车
　　　　　　　　　　　　　　　　　答案：D

3）驾驶机动车在雾天怎样跟车行驶？
　　A. 开启近光灯　　　　　B. 保持大间距
　　C. 开启远光灯　　　　　D. 适时鸣喇叭
　　　　　　　　　　　　　　　　　答案：B

4）驾驶机动车在雾天两车交会时怎样做最安全？
　　A. 低速大间距　　　　　B. 开启远光灯
　　C. 开启近光灯　　　　　D. 开启雾灯
　　　　　　　　　　　　　　　　　答案：A

7　冰雪道路安全驾驶

冰雪道路对安全行车的主要影响是制动距离延长，方向易跑偏，稳定性降低，转向过急或者加速过急时车轮极易空转或溜滑。冰雪道路行车，由于积雪对光线的反射，极易造成驾驶人目眩而产生错觉。会车时，要提前降低车速缓慢交会。在有车辙的路段应循车辙行驶。在冰雪路面减速或者停车时，要充分利用发动机的牵引作用控制车速。制动时，驾驶人应采用点制动，并在制动时双脚做好落地的准备。

练习题

单选题

1) 在冰雪路面上减速或者停车,要怎样降低车速?
   A. 充分利用行车制动
   B. 充分利用驻车制动
   C. 充分利用发动机的牵制作用
   D. 充分利用缓速器

   答案:C

2) 驾驶机动车在冰雪路面行车应注意什么?
   A. 制动距离变短
   B. 制动距离延长
   C. 抗滑能力变大
   D. 路面附着力变大

   答案:B

3) 驾驶机动车在结冰的道路上怎样会车?
   A. 两车临近时减速
   B. 适当加速交会
   C. 尽量靠近中心线交会
   D. 提前减速缓慢交会

   答案:D

判断题

1) 雪天行车中,在有车辙的路段应循车辙行驶。

   答案:√

2) 冰雪道路行车,由于积雪对光线的反射,极易造成驾驶人目眩。

   答案:√

3) 在冰雪道路上行车时,机动车的稳定性降低,加速过急时车轮极易空转或溜滑。

   答案:√

4) 在冰雪路面上行车,必须降低车速、加大安全距离。

   答案:√

5) 摩托车在冰雪路面制动时，驾驶人应采用点制动，并在制动时双脚做好落地的准备。

答案：√

6) 冰雪路面处理情况不能使用紧急制动，但可采取急转向的方法躲避。

答案：×

7) 在冰雪道路上行车时，摩托车的稳定性降低，加速过急时车轮极易空转或溜滑。

答案：√

8　山区道路安全驾驶

　　驾驶机动车在山区道路上坡路段行驶时，为了保持有足够的动力爬坡，需要在车速下降前减挡后加速上坡。在上坡路段跟车行驶过程中，遇前车突然停车时，应保持大距离停车。驶近坡道顶端等影响安全视线的路段时，应减速慢行并鸣喇叭提示。在山区道路下长坡连续使用行车制动，会导致制动器温度升高而使制动效果下降。下长、陡坡路段行驶，控制车速最有效、最安全的方法是减挡行驶，必要时可挂低速挡，充分利用发动机制动，不得空挡滑行。

　　驾驶机动车高速行驶时急转向，极易造成车辆侧滑相撞或在离心力的作用下发生侧翻事故。在通过弯道或曲线路段时，应在弯前提前减速，换入低速挡。转弯时速度过快，摩托车容易冲出弯道或侧滑。在颠簸路面上行驶时，应提前挂低速挡，尽量选择平缓或者浅坑路面缓慢行驶，以减轻颠簸。行至两座山谷之间，如果遇到较强的横风，感觉摩托车产生横向偏移时，应握稳转向把控制行进方向，不得急转转向把调整行进方向。

练习题

单选题

1) 山区上坡路段跟车过程中遇前车突然停车时怎么办？
   A. 紧跟前车后停车　　　　B. 连续鸣喇叭提示
   C. 从前车两侧超越　　　　D. 保持大距离停车

   答案：D

2) 驾驶机动车上坡行驶如何保持充足的动力？
   A. 在车速过低时减挡　　　B. 在车速下降后减挡
   C. 在车速下降前减挡　　　D. 尽量使用越级减挡

   答案：C

3) 机动车驶近坡道顶端等影响安全视线的路段时，要如何保证安全？
   A. 随意通行　　　　　　　B. 使用危险报警闪光灯
   C. 快速通过　　　　　　　D. 减速慢行并鸣喇叭提示

   答案：D

4) 下长坡时，控制车速的正确方法是什么？
   A. 挂低速挡　　　　　　　B. 使用驻车制动器
   C. 踏下离合器踏板滑行　　D. 空挡滑行

   答案：A

5) 下坡控制车速最安全的方法是什么？
   A. 持续踏制动踏板　　　　B. 分离离合器滑行
   C. 挂入空挡滑行　　　　　D. 利用发动机制动

   答案：D

6) 下长坡连续使用行车制动会导致什么后果？
   A. 会缩短发动机寿命　　　B. 驾驶人容易疲劳
   C. 容易造成车辆倾翻　　　D. 制动器制动效果下降

   答案：D

1 道路交通法律、法规及相关知识

判断题

1) 摩托车下长坡时要减挡行驶,以充分利用发动机的制动作用。

答案:√

2) 摩托车下长坡时,可以充分利用空挡滑行。

答案:×

3) 车辆通过弯道或曲线路段时,应提前减速,换入空挡。

答案:×

4) 转弯时速度过快,摩托车容易冲出弯道或侧滑。

答案:√

5) 摩托车高速行驶时急转向,极易造成侧滑相撞或在离心力的作用下发生侧翻事故。

答案:√

6) 机动车遇有急弯路时,要在进入弯道后减速。

答案:×

7) 摩托车在颠簸路面上行驶时,驾驶人应采取低挡低速,尽量选择坑大的地方行驶,以减小颠簸。

答案:×

8) 行至两座山谷之间,如果遇到较强的横风,感觉摩托车产生横向偏移时,要急转转向把调整行进方向。

答案:×

9 应急处置

摩托车遇危险、复杂路况时,驾驶人应以中低速匀速行驶,注意保持车身平衡,谨慎通过。车速较高,前方发生紧急情况时,要先制动减速,再采取转向避让,以减小碰撞损坏程度。紧急制动时,应特别注意使车身垂直于路面,以免摩托车侧滑倾倒。大风天气行车中，狂风袭来，可能会使行驶中的摩托车产生横向偏移。如果遇到狂风袭来，感觉机动车产生横向偏移时，应握稳转向把控制行进方向，不得急转向以恢复行驶方向。

摩托车驾驶人在行车中，发现转向把不灵活时，应尽快减速，在安全的地点停车查明原因。驾驶摩托车发现轮胎漏气时，要缓慢制动减速驶离主车道，减速时不要采用紧急制动，以免造成翻车或后车采取制动不及时导致追尾事故。

驾驶人行车中意识到爆胎时，应在控制住转向把的情况下，轻踏制动踏板（或后制动握把），缓慢减速停车。摩托车发生爆胎后，驾驶人在尚未控制住车速前，不要冒险使用制动器停车，以避免摩托车甩尾发生更大的危险。发生突然爆胎时，驾驶人切忌慌乱中急踏制动踏板，尽量采用抢挂低速挡的方法，利用发动机制动减速。

摩托车后轮胎爆裂时，驾驶人应双手握紧转向把，控制摩托车保持直线行驶，减速停车。摩托车行驶中前轮胎爆胎时，会产生严重的左右摆动，驾驶人应立即减小油门，紧握转向把，逐级减挡减速停车。

避免摩托车爆胎的正确方法是定期检查轮胎，及时清理轮胎沟槽里的异物，更换有裂纹或有很深损伤的轮胎。轮胎气压过低时，高速行驶会出现轮胎波浪变形温度升高而导致爆胎。因此，不得采用降低轮胎气压的方法避免爆胎。另外，夏季驾驶摩托车应尽量避免长时间高速行驶，避免轮胎温度升高导致爆胎。

练习题

单选题

1) 驾驶人发现转向把不灵活时，下列做法哪一项是错误的？
　　A. 应尽快减速停车　　　　B. 继续驾驶

C. 停车查明原因　　　　　D. 在安全地点停车

答案：B

2) 轮胎气压过低时，高速行驶可能导致什么后果？

A. 爆胎　　　　　　　　　B. 行驶阻力减小

C. 气压增高　　　　　　　D. 气压不稳

答案：A

3) 轮胎气压过低时，高速行驶轮胎会出现波浪变形温度升高而导致什么情况发生？

A. 气压更低　　　　　　　B. 行驶阻力增加

C. 爆胎　　　　　　　　　D. 气压不稳定

答案：C

4) 摩托车后轮胎爆裂时，驾驶人应当怎样做？

A. 迅速向相反方向转动转向把

B. 迅速采取制动措施

C. 迅速转动转向把

D. 双手紧握转向把

答案：D

5) 避免爆胎的错误做法是什么？

A. 降低轮胎气压

B. 定期检查轮胎

C. 更换有裂纹或有很深损伤的轮胎

D. 清理轮胎沟槽里的异物

答案：A

6) 下列关于夏季驾驶摩托车的错误做法是哪一项？

A. 尽量不用或少用制动　　B. 长时间高速行驶

C. 用油门控制车速　　　　D. 尽量不要载人或载货

答案：B

判断题

1) 摩托车遇危险、复杂路况时，驾驶人应以中低速匀速行驶，注意保持车身平衡，谨慎通过。

答案：√

2) 车速较高，前方发生紧急情况时，要先转向避让，再采取制动减速，以减小碰撞损坏程度。

答案：×

3) 驾驶摩托车紧急制动时，应特别注意使车身垂直于路面，以免摩托车侧滑倾倒。

答案：√

4) 大风天气行车中，如果遇到狂风袭来，感觉机动车产生横向偏移时，要急转向以恢复行驶方向。

答案：×

5) 狂风袭来，可能会使行驶中的摩托车产生横向偏移。

答案：√

6) 驾驶人发现轮胎漏气，将机动车驶离主车道时，不要采用紧急制动，以免造成翻车或后车采取制动不及时导致追尾事故。

答案：√

7) 行车中发生突然爆胎时，驾驶人切忌慌乱中急踏制动踏板，尽量采用抢挂低速挡的方法，利用发动机制动使机动车减速。

答案：√

8) 摩托车发生爆胎后，驾驶人在尚未控制住车速前，不要冒险使用制动器停车，以避免摩托车甩尾发生更大的危险。

答案：√

9) 驾驶人行车中意识到爆胎时，应在控制住方向的情况下采取紧急制动，迫使车辆迅速停车。

答案：×

10）驾驶人行车中意识到爆胎时，要轻踏制动踏板制动，缓慢减速停车。

答案：√

11）摩托车爆胎时，驾驶人应在控制住方向的情况下采取紧急制动，迫使摩托车迅速停车。

答案：✗

12）摩托车爆胎时，驾驶人应迅速踏下制动踏板减速，极力控制转向把，迅速停车。

答案：✗

13）摩托车前轮爆胎时，会产生严重的左右摆动，驾驶人应立即减小油门，紧握转向把，逐级减挡减速停车。

答案：√

1.3 道路交通安全违法行为及处罚

1.3.1 道路交通安全违法行政强制措施

1 扣留机动车的情形

1）上道路行驶的机动车未悬挂机动车号牌，或者未随车携带机动车行驶证、驾驶证的。

2）有伪造、变造或者使用伪造、变造的机动车登记证书、号牌、行驶证、检验合格标志、保险标志、驾驶证或者使用其他车辆的机动车登记证书、号牌、行驶证、检验合格标志、保险标志嫌疑的。

3）未按照国家规定投保机动车交通事故责任强制保险的。

对发生道路交通事故，因收集证据需要的，可以依法扣留事故车辆。

练习题

单选题

1) 上道路行驶的机动车有哪种情形交通警察可依法扣留车辆？
   A. 未悬挂机动车号牌　　　B. 未携带身份证
   C. 未携带保险合同　　　　D. 未放置城市环保标志
   答案：A

2) 驾驶人未携带哪种证件驾驶机动车上路的，交通警察可依法扣留车辆？
   A. 机动车驾驶证　　　　　B. 居民身份证
   C. 从业资格证　　　　　　D. 机动车通行证
   答案：A

3) 驾驶人未携带哪种证件驾驶机动车上路，交通警察可依法扣留车辆？
   A. 机动车通行证　　　　　B. 居民身份证
   C. 从业资格证　　　　　　D. 机动车行驶证
   答案：D

判断题

1) 对有伪造或变造号牌、行驶证嫌疑的车辆，交通警察可依法予以扣留。
   答案：√

2) 对有使用伪造或变造检验合格标志嫌疑的车辆，交通警察只进行罚款处罚。
   答案：×

1　道路交通法律、法规及相关知识

3) 对使用其他车辆号牌、行驶证的车辆，交通警察可依法予以扣留。

答案：√

4) 对未按照国家规定投保交强险的车辆，交通警察可依法予以扣留。

答案：√

5) 对发生道路交通事故需要收集证据的事故车辆，交通警察可以依法扣留。

答案：√

6) 使用伪造机动车号牌、行驶证的，交通警察可以扣留摩托车。

答案：√

7) 驾驶人有使用其他车辆号牌、行驶证嫌疑的，交通警察可依法扣留车辆。

答案：√

8) 驾驶人有使用其他车辆检验合格标志嫌疑的，交通警察可依法扣留车辆。

答案：√

9) 驾驶人有使用其他车辆保险标志嫌疑的，交通警察可依法扣留车辆。

答案：√

10) 上道路行驶的机动车，未随车携带身份证，交通警察可依法扣留机动车。

答案：✗

2 扣留机动车驾驶证的情形

有下列情形之一的，公安机关交通管理部门依法扣留机动车驾驶证：

1）饮酒后驾驶机动车的。

2）将机动车交由未取得机动车驾驶证或者机动车驾驶证被吊销、暂扣的人驾驶的。

3）机动车行驶超过规定时速50%的。

4）驾驶有拼装或者达到报废标准嫌疑的机动车上道路行驶的。

5）在一个记分周期内累积记分达到12分的。

练习题

[单选题]

1）驾驶人有哪种情形，交通警察可依法扣留机动车驾驶证？

  A．饮酒后驾驶机动车　　B．超过规定速度10%

  C．疲劳驾驶机动车　　　D．行车中未系安全带

              答案：A

2）驾驶人将机动车交由什么样的人驾驶的，交通警察可依法扣留机动车驾驶证？

  A．实习期驾驶人　　　　B．取得驾驶证的人

  C．驾驶证被吊销的人　　D．驾驶证记分达到6分的人

              答案：C

[判断题]

1）驾驶人将机动车交给驾驶证被吊销的人驾驶的，交通警察依法扣留驾驶证。

              答案：√

2）驾驶人将机动车交给驾驶证被暂扣的人驾驶的，交通警察给予口头警告。

              答案：×

3）驾驶人驾驶有达到报废标准嫌疑的机动车上路的，交通警察依法予以拘留。

              答案：×

4）驾驶人在一个记分周期内累积记分达到 12 分的，交通警察依法扣留驾驶证。

答案：√

1.3.2 道路交通安全违法行为行政处罚

1 违反道路通行规定的处罚

驾驶机动车任何违反道路交通安全法的行为，都属于违法行为。机动车驾驶人违反道路交通安全法律、法规关于道路通行规定的，处警告或者 20 元以上 200 元以下罚款。

违反道路交通安全法律、法规的规定，发生重大交通事故，构成犯罪的，依法追究刑事责任。造成交通事故后逃逸构成犯罪的，由公安机关交通管理部门吊销机动车驾驶证，且终生不得重新取得机动车驾驶证。

练习题

[单选题]

1）驾驶机动车在道路上违反道路交通安全法的行为，属于什么行为？
   A. 违章行为　　　　B. 违法行为
   C. 过失行为　　　　D. 违规行为

答案：B

2）机动车驾驶人违法驾驶造成重大交通事故构成犯罪的，依法追究什么责任？
   A. 刑事责任　　　　B. 民事责任
   C. 经济责任　　　　D. 直接责任

答案：A

3）机动车驾驶人造成事故后逃逸构成犯罪的，吊销驾驶证且多长时间不得重新取得驾驶证？

A. 5 年内　　　　　　B. 10 年内

C. 终生　　　　　　　D. 20 年内

答案：C

判断题

1）驾驶机动车在道路上违反道路通行规定应当接受相应的处罚。

答案：√

2）驾驶机动车违反道路交通安全法律法规发生交通事故属于交通违章行为。

答案：×

3）驾驶机动车在道路上违反交通安全法规的行为属于违法行为。

答案：√

4）如图所示，机动车在行驶过程中存在违法行为。

答案：√

5）对违法驾驶发生重大交通事故且构成犯罪的，不追究其刑事责任。

答案：×

6）造成交通事故后逃逸构成犯罪的驾驶人将吊销驾驶证且终生不得重新取得驾驶证。

答案：√

2 饮酒、醉酒驾车的处罚

饮酒后或者醉酒驾驶机动车发生重大交通事故，终生不得重新取得机动车驾驶证。

练习题

判断题

酒后驾驶发生重大交通事故被依法追究刑事责任的人不能申请机动车驾驶证。

答案：√

3 涉及登记证书、号牌、证件、标志违法的处罚

伪造、变造或者使用伪造、变造的机动车驾驶证的，由公安机关交通管理部门予以收缴，依法拘留，扣留该机动车，并处200元以上2000元以下罚款；构成犯罪的，依法追究刑事责任。

练习题

判断题

1）伪造、变造机动车驾驶证构成犯罪的，将被依法追究刑事责任。

答案：√

2）伪造、变造或者使用伪造、变造的机动车驾驶证的驾驶人，构成犯罪的，依法追究刑事责任。

答案：√

4　驾驶拼装、报废车违法行为处罚

驾驶拼装的机动车或者已达到报废标准的机动车上道路行驶的，公安机关交通管理部门应当予以收缴，强制报废。对驾驶人处 200 元以上 2000 元以下罚款，并吊销机动车驾驶证。

练习题

[单][选][题]

驾驶报废机动车上路行驶的驾驶人，除按规定接收罚款外，还要受到下列哪种处理？

A. 收缴驾驶证　　　　　　B. 撤销驾驶许可
C. 强制恢复车况　　　　　D. 吊销驾驶证

答案：D

[判][断][题]

1) 拼装的机动车只要认为安全就可以上路行驶。

答案：✗

2) 已经达到报废标准的机动车经大修后可以上路行驶。

答案：✗

3) 未取得驾驶证驾驶机动车的，追究其法律责任。

答案：√

1.3.3　道路交通安全违法刑事处罚

1　交通肇事罪

违反交通运输管理法规，因而发生重大事故，致人重伤、死亡或者使公私财产遭受重大损失的，处 3 年以下有期徒刑或者拘役；交通运输肇事后逃逸或者有其他特别恶劣情节的，处 3 年以上 7 年以下有期徒刑；因逃逸致人死亡的，处 7 年以上有期徒刑。

练习题

单选题

1) 驾驶人违反交通运输管理法规发生重大事故致人重伤、死亡，会受到什么刑罚？

A. 处 3 年以下有期徒刑或者拘役

B. 处 3 年以上 7 年以下有期徒刑

C. 处 5 年以上有期徒刑

D. 处 7 年以上有期徒刑

答案：A

2) 驾驶人违反交通运输管理法规发生重大事故使公私财产遭受重大损失，会受到什么刑罚？

A. 处 5 年以上有期徒刑

B. 处 3 年以下有期徒刑或者拘役

C. 处 3 年以上有期徒刑

D. 处 3 年以上 7 年以下有期徒刑

答案：B

3) 驾驶人违反交通运输管理法规发生重大事故致人死亡且逃逸的，处多少年有期徒刑？

A. 10 年以上　　　　　B. 7 年以上

C. 3 年以上 7 年以下　　D. 3 年以下

答案：C

4) 驾驶人违反交通运输管理法规发生重大事故后，因逃逸致人死亡的，处几年有期徒刑？

A. 2 年以下　　　　　B. 3 年以下

C. 7 年以下　　　　　D. 7 年以上

答案：D

判断题

1) 驾驶人违反交通运输管理法规发生重大事故致人重伤的，可能处3年以下有期徒刑或拘役。

答案：√

2) 驾驶人违反交通运输管理法规发生重大事故致人死亡的，处3年以上有期徒刑。

答案：✕

3) 驾驶人违反交通运输管理法规发生重大事故使公私财产遭受重大损失的，可能处3年以下有期徒刑或拘役。

答案：√

4) 驾驶人违反交通运输法规发生重大事故后，逃逸或者有其他特别恶劣情节的，处7年以上有期徒刑。

答案：✕

5) 驾驶人违反交通运输法规发生重大事故后，因驾驶人逃逸致人死亡的，处3年以上7年以下有期徒刑。

答案：✕

2 危险驾驶罪

在道路上驾驶机动车追逐竞驶，情节恶劣的，或者在道路上醉酒驾驶机动车的，处拘役，并处罚金。同时构成其他犯罪的，依照处罚较重的规定定罪处罚。

练习题

单选题

1) 驾驶机动车在道路上追逐竞驶，情节恶劣，会受到什么处罚？
   A. 处拘役，并处罚金　　B. 处管制，并处罚金
   C. 处1年以上徒刑　　　D. 处6个月徒刑

答案：A

2) 醉酒驾驶机动车在道路上行驶会受到什么处罚？

A. 处2年以下徒刑　　　B. 处拘役，并处罚金

C. 处2年以上徒刑　　　D. 处管制，并处罚金

答案：B

判断题

1) 驾驶人在道路上驾驶机动车追逐竞驶，情节恶劣的，处3年以下有期徒刑。

答案：✕

2) 驾驶人在道路上醉酒驾驶机动车的，处3年以上有期徒刑。

答案：✕

1.4 道路交通事故处理相关规定

1 事故报警

在道路上发生交通事故，造成人身伤亡的，车辆驾驶人应当立即抢救受伤人员，并迅速报告执勤的交通警察或者公安机关交通管理部门。

发生死亡事故、伤人事故的，或者发生财产损失事故且有下列情形之一的，当事人应当保护现场并立即报警。

1) 驾驶人有饮酒、服用国家管制的精神药品或者麻醉药品嫌疑的。

2) 机动车无号牌或者使用伪造、变造的号牌的。

练习题

[判][断][题]

1) 发生交通事故造成人员受伤时，要保护现场并立即报警。

答案：√

2) 在道路上发生交通事故造成人身伤亡时，要立即抢救受伤人员并迅速报警。

答案：√

3) 道路交通事故中，驾驶人有饮酒、醉酒嫌疑时，要保护现场并立即报警。

答案：√

4) 道路交通事故中，机动车无号牌、检验合格标志、保险标志时，要保护现场并立即报警。

答案：√

2 事故现场处置

在道路上发生交通事故，车辆驾驶人应当立即停车，保护现场。因抢救受伤人员变动现场的，应当标明位置。

机动车与机动车发生财产损失事故，当事人应当在确保安全的原则下，采取现场拍照或者标划事故车辆现场位置等方式固定证据后，立即撤离现场，将车辆移至不妨碍交通的地点。

练习题

[判][断][题]

1) 驾驶机动车在道路上发生交通事故要立即将车移到路边。

答案：✕

2）驾驶人在发生交通事故后因抢救伤员变动现场时要标明位置。

答案：√

3）驾驶机动车发生财产损失交通事故后，当事人对事实及成因无争议的，移动车辆时需要对现场拍照或者标划停车位置。

答案：√

3 自行协商事故处理

在道路上发生交通事故，仅造成轻微财产损失，并且基本事实清楚的，当事人应当先撤离现场再进行协商处理。

在道路上发生交通事故，未造成人身伤亡，当事人对事实及成因无争议的，可以即行撤离现场，恢复交通，自行协商处理损害赔偿事宜。

练习题

[单选题]

在道路上发生未造成人员伤亡且无争议的轻微交通事故，应当如何处置？

A. 保护好现场再协商　　B. 不要移动车辆

C. 疏导其他车辆绕行　　D. 撤离现场自行协商

答案：D

[判断题]

1）驾驶机动车发生财产损失交通事故，当事人对事实及成因无争议的，可先撤离现场。

答案：√

2）机动车在道路上发生轻微交通事故且妨碍交通时，不需移动。

答案：×

4　事故现场的强制撤离

在道路上发生交通事故后，对应当自行撤离现场而未撤离的，交通警察应当责令当事人撤离现场；造成交通堵塞的，对驾驶人处以200元罚款。车辆发生轻微剐蹭事故，双方驾驶人争执不下，坚持在原地等待警察来处理，造成路面堵塞，驾驶人的行为会受到罚款处罚。

练习题

判断题

1) 机动车发生财产损失交通事故，对应当自行撤离现场而未撤离的，交通警察不可以责令当事人撤离现场。

答案：✗

2) 机动车发生财产损失交通事故，对应当自行撤离现场而未撤离造成交通堵塞的，可以对驾驶人处以200元罚款。

答案：✓

2 场地驾驶技能

2.1 桩考

驾驶摩托车准确判断车轮位置，在规定时间内从起点线处起步按箭头所示方向绕桩行驶至终点处停车。培养驾驶摩托车绕行障碍时控制摩托车的能力。

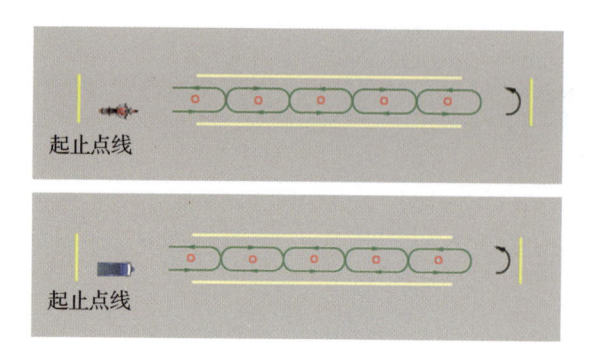

起止点线

起止点线

2.2 坡道定点停车和起步

在30秒内，控制摩托车准确停车后，再平稳起步，车辆不能溜动。培养在实际道路驾驶摩托车路口停止线准确停车、上坡路段停车和起步的能力。

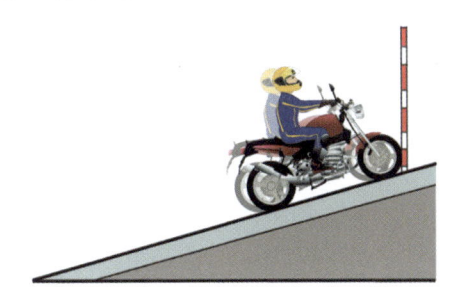

2.3 通过单边桥

准确判断车轮直线行驶轨迹，驾驶普通二轮摩托车、轻便摩托从单边桥上驶过。驾驶正三轮摩托车左、右后轮依次驶过左侧、右侧单边桥。驾驶侧三轮摩托车，前轮、左后轮从左侧单边桥上驶过，然后右后轮从右侧单边桥上驶过。培养驾驶摩托车在道路上准确控制车轮行驶轨迹，保持直线行驶的能力。

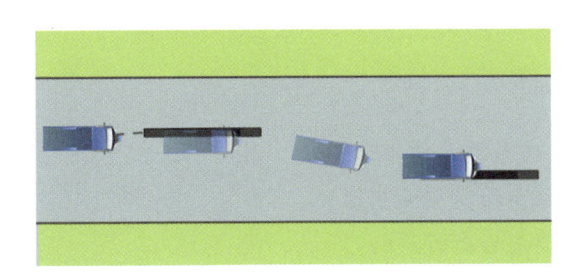

3 安全文明驾驶常识

3.1 安全行车常识

3.1.1 日常检查与维护

1 出车前检查的目的

出车前检查的目的是确认车辆附近是否存在安全隐患，周围是否有障碍物，车胎是否损坏及出车方向的安全性。

练习题

[多选题]

出车前检查的目的是什么？
A. 确认机动车轮胎是否损毁
B. 确认周围是否有障碍物
C. 确认在车辆附近是否存在安全隐患
D. 确认出车方向的安全性

答案：ABCD

2 出车前的检查内容

出车前,对发动机、车外部、轮胎进行检查。发动机主要检查冷却液、机油、燃油等是否有渗漏现象。轮胎重点检查磨损、损毁、紧固和气压情况。

练习题

[单选题]

出车前对轮胎进行哪些方面的检查?

A. 轮胎型号 B. 轮胎有没有清洗
C. 备胎在什么位置 D. 轮胎的紧固和气压

答案:D

[判断题]

出车前检查冷却液、发动机机油、燃油等是否有渗漏现象。

答案:√

3 上车检查与调整

出车前,要仔细巡视车辆四周的状况,观察车底和车身周围是否有障碍物。调整好后视镜,戴好安全头盔。然后起动发动机,观察仪表,检查车辆工作是否正常。

练习题

[多选题]

出车前,应该做的准备工作是什么?

A. 仔细巡视车辆四周的状况,观察车底和车身周围是否有障碍物
B. 戴好安全头盔

C. 起动发动机，观察仪表，检查车辆工作是否正常

D. 调整好后视镜

答案：ABCD

▶3.1.2 安全驾驶操作要求

1 驾驶准备

驾驶摩托车时，应穿着有脚后跟、鞋底不容易滑的鞋或靴，以保证用脚换挡的灵活、准确而可靠。为了易被其他交通参与者发现，应穿着颜色鲜明的长袖及长裤。乘坐两轮摩托车应当正向骑坐，侧身乘坐摩托车极不安全，一旦发生侧滑，由于重心不稳，会被甩出造成伤亡。摩托车后座不得乘坐未满12周岁的未成年人，轻便摩托车不得载人。起步前，驾驶人及乘坐人员应当按规定戴安全头盔，调整后视镜的角度至能够看清楚左右两侧后方情况。驾驶摩托车，不戴安全头盔，属于交通违法行为，一次记1分。

使用伪造机动车号牌、行驶证的，由公安机关交通管理部门予以收缴，扣留该机动车。

练习题

|单|选|题|

下列哪一种防护装备是摩托车驾驶人按规定应当佩戴的？

A. 眼镜　　　　　　　　B. 手套

C. 安全头盔　　　　　　D. 安全护膝

答案：C

|判|断|题|

1）驾驶摩托车，应穿着颜色鲜明的长袖及长裤，易被其他交通参与者发现。

答案：√

2) 驾驶摩托车时，应穿着有脚后跟、鞋底不容易滑的鞋或靴，以保证用脚换挡的灵活、准确而可靠。

答案：√

3) 侧身乘坐摩托车极不安全，一旦发生侧滑，由于重心不稳，会被甩出造成伤亡。

答案：√

4) 摩托车驾驶人及乘坐人员应当按规定戴安全头盔。

答案：√

5) 驾驶摩托车前必须戴好安全头盔，调整后视镜的角度至能够看清楚左右两侧后方情况。

答案：√

6) 轻便摩托车只允许乘载学龄前儿童。

答案：×

7) 乘坐两轮摩托车的人应当侧向骑坐。

答案：×

8) 乘坐摩托车的人，不必戴安全头盔。

答案：×

9) 驾驶摩托车，不戴安全头盔的，一次记2分。

答案：×

10) 使用伪造机动车号牌、行驶证的，交通警察可以扣留摩托车。

答案：√

2 安全起步

起步后，应随时注意两侧道路情况，向左缓慢转向，逐渐驶入正常行驶道路。

练习题

判断题

1）机动车在路边起步后应尽快提速，并向左迅速转向驶入正常行驶道路。

答案：✗

2）机动车在路边起步后，应随时注意机动车两侧道路情况，向左缓慢转向，逐渐驶入正常行驶道路。

答案：✓

3 安全汇入车流

驾驶机动车进入主路时，不得妨碍主路车辆行驶。从辅路汇入主路车流前，要观察主路内车辆通行情况，选择安全的空当汇入车流。驾驶机动车汇入车流时，不得影响其他机动车通行。

练习题

判断题

1）驾驶机动车汇入车流时，不得影响其他机动车通行。

答案：✓

2）驾驶机动车从辅路汇入主路车流时要迅速。

答案：✗

4 车道选择

在道路同方向划有 2 条以上机动车道的，左侧为快速车道，右侧为慢速车道。摩托车应当在最右侧车道行驶。摩托车不得牵引车辆或者被其他车辆牵引。

练习题

判断题

1) 在道路同方向划有2条以上机动车道的，摩托车应当在最左侧车道行驶。

答案：×

2) 摩托车不得牵引车辆或者被其他车辆牵引。

答案：√

5 安全跟车

驾驶机动车在道路上跟车行驶，要保持安全距离，注意观察前车动态，随时做好减速准备。减速时，也要谨慎制动，防止被后车追尾。如遇交通流量较大的路段，即便是低速行驶，也需要保持一定的安全距离。

跟车行驶要留有足够的安全距离，在遇到紧急情况时能有足够的避让空间。跟车越近，越不容易掌握前车的情况，一旦前车尾灯损坏，不能及时发现前车制动，跟车太近容易发生追尾事故。跟随出租车行驶，要预防其随时可能靠边停车上下乘客。遇到出租车接送客人占道停车时，应停车等待。当前方是贴有"实习"标志的汽车时，应该增大跟车距离，预防其紧急制动。

跟随装满货物的大货车行驶时，应注意大货车制动距离相对较长、容易遮挡视线、盲区较大、还可能会出现货物抛洒。遇到前方大货车行驶缓慢时，应尽量加大安全车距，适时超超车。遇到前方有非机动车且左侧有车超越时，应减速让行，不得挤靠自行车或向左借道超越。

冰雪路面和雾天要保持大间距跟车行驶，跟车中要随时注意前车紧急制动。

练习题

多选题

1) 驾驶机动车在道路上怎样安全跟车行驶？
   A. 注意观察前车动态
   B. 随时做好减速准备
   C. 尽量靠路左侧行驶
   D. 保持安全距离

   答案：ABD

2) 驾驶机动车跟车行驶时，要留有足够的安全距离，为什么？
   A. 遇到紧急情况时，能有足够的避让空间
   B. 跟车越近，越不容易掌握前车的情况
   C. 防止因前车尾灯损坏，不能及时发现前车制动
   D. 跟车太近，容易发生追尾

   答案：ABCD

3) 以下跟车情况中，应当注意的情形有哪些？
   A. 跟随出租汽车行驶时，要预防其随时可能靠边停车上下乘客
   B. 当前方汽车贴有实习标志时，应该增大跟车距离，预防前车紧急制动
   C. 前方是装满货物的大货车时，应增大跟车距离并避免长时间跟随，以预防货物抛洒和车后盲区带来的危险
   D. 雾天跟车行驶，注意前车紧急制动

   答案：ABCD

判断题

1) 在行驶中，驾驶人在注意与前车保持安全距离的同时，也要谨慎制动，防止被后车追尾。

   答案：√

2) 驾驶机动车在道路上跟车行驶时，跟车距离不是主要的，只需要保持与前车相等的速度，即可防止发生追尾事故。

   答案：×

122 驾考宝典（适用D、E、F证）

6 安全超车、让超车

在道路上超车时，提前开启左转向灯，鸣喇叭示意（非禁鸣区），夜间交替使用远近光灯，提醒前方被超车辆驾驶人，从前车左侧超越。超车完毕，与被超车拉开必要的安全距离，开启右转向灯驶回原车道。

在道路划设专用车道的路段，不得借专用车道超车。

超车时，发现前车正在超车时，要减速行驶，让前方车辆先超车。即便是右侧有超车空间，也不能从右侧超车。遇前方机动车没有让车条件或者不减速、不让道，或超车过程中被超车突然加速时，要及时减速放弃或者停止超车，保持安全距离跟随前车后行驶。通过交叉路口、急转弯路段、下坡路段、涵洞、隧道、铁路道口或有禁止超车标志的路段，即使遇到机动车较少的情况时，也不得超车。

练习题

单选题

1) 驾驶机动车超车时，前方机动车不减速、不让道，怎么办？
   A. 连续鸣喇叭加速超越
   B. 加速继续超越
   C. 停止继续超车
   D. 紧跟其后，伺机再超

   答案：C

2) 驾驶机动车超车时，发现前方机动车正在超车，怎么办？
   A. 紧跟其后，伺机超越
   B. 加速强行超越
   C. 连续鸣喇叭催前车让路
   D. 停止超车，让前方机动车先超车

   答案：D

多选题

1) 关于超车，以下说法正确的是什么？

　　A. 提前开启左转向灯

　　B. 夜间交替使用远近光灯

　　C. 鸣喇叭示意

　　D. 加速从右侧超越

　　　　　　　　　　　　　　　答案：ABC

2) 关于超车，以下说法正确的是什么？

　　A. 超车时从前车左侧超越

　　B. 超车时从前车右侧超越

　　C. 超车完毕，立即开启右转向灯驶回原车道

　　D. 超车完毕，与被超车拉开必要的安全距离后开启右转向灯驶回原车道

　　　　　　　　　　　　　　　答案：AD

3) 关于超车，以下说法正确的是什么？

　　A. 超车前提前开启左转向灯，提醒前方被超车辆

　　B. 切换远、近光灯提醒前方被超车辆

　　C. 长时间鸣喇叭警示被超车辆

　　D. 完成超车后驶回行车道要开启右转向灯

　　　　　　　　　　　　　　　答案：ABD

判断题

1) 行车中预计在超车过程中与对面来车有会车可能时，应提前加速超越。

　　　　　　　　　　　　　　　答案：✗

2) 驾驶机动车通过急转弯路段时，在机动车较少的情况下可以超车。

　　　　　　　　　　　　　　　答案：✗

3) 道路划设专用车道的，在专用车道内，其他机动车可以借道超车。

答案：✕

4) 驾驶机动车行经交叉路口，不得超车。

答案：✓

7 安全会车

在一侧有障碍物的路段会车时，无障碍的一方有优先权，有障碍的一方要让对向先行。遇雨、雪、雾等视线不清的天气或者路面较滑时会车，应降低车速，加大横向间距，必要时停车避让。行经驼峰桥会车时，应降低车速，可鸣喇叭示意，靠右通行。在窄桥会车，感觉与对向驶来的车辆会有会车困难时，要及时减速靠边行驶或停车让行。

练习题

[单选题]

会车中，道路一侧有障碍，双方机动车应如何做？

A. 无障碍一方让对向先行
B. 无让路条件的一方让对向先行
C. 有障碍的一方让对向先行
D. 速度快的让速度慢的先行

答案：C

[多选题]

1) 驾驶机动车行经驼峰桥会车时，正确的做法是什么？

　　A. 靠右通行　　　　B. 鸣喇叭示意
　　C. 抢行通过　　　　D. 降低车速

答案：ABD

2) 驾驶机动车遇雨、雪、雾等视线不清的天气或路面较滑时怎样安全会车？

A. 降低车速行驶　　　B. 加大横向间距

C. 应当加速行驶　　　D. 必要时停车避让

答案：ABD

8　安全掉头

驾驶机动车掉头时，要提前开启左转向灯，进入掉头导向车道，在路口虚线处缓慢完成掉头，严禁在人行横道或有禁止掉头、禁止左转标志、标线、信号灯的路口、桥梁掉头。

练习题

[多选题]

驾驶机动车掉头时，以下做法正确的是什么？

A. 不开转向灯掉头　　B. 提前开启左转向灯

C. 在掉头车道掉头　　D. 在直行车道掉头

答案：BC

[判断题]

1) 驾驶机动车在该处不影响行人正常通行的情况下可以掉头。

答案：✗

2) 摩托车通过立交桥时，如发现选择路线错误，应立即在原地掉头或倒车更改路线。

答案：✗

9 安全停车

车辆行驶速度、驾驶人的反应时间、路面状况、载货量的多少以及制动器的结构形式等都是影响制动停车距离的因素。

驾驶机动车在道路上临时停车要选择道路施划的停车泊位、停车场或者路面平坦坚实、无禁止停车标志、不妨碍交通的路段和地点。停车要按顺行方向停放，车身不得超出停车泊位，停车后要关闭电路，锁好车。

路边临时停车，要靠道路右侧，尽量避开坡道、积水、结冰或松软路面及山区容易发生塌方、泥石流的路段，不得妨碍其他机动车和行人通行，不得随意停车。人行横道、交叉路口周围50米以内、铁路道口、隧道内、立交桥上都不能停车。社会车辆不得在出租车停车位临时停车。雨天临时停车时，要开启示廓灯、后位灯、危险报警闪光灯。雾、雪天临时停车，开启危险报警闪光灯、示廓灯和后位灯。

练习题

单选题

1) 机动车在雨天临时停车时，应开启什么灯？
    A. 前后雾灯　　　　　B. 危险报警闪光灯
    C. 前照灯　　　　　　D. 倒车灯

答案：B

2) 机动车在雾天临时停车时，应开启什么灯？
    A. 危险报警闪光灯、示廓灯和后位灯
    B. 左转向灯、示廓灯和后位灯
    C. 远光灯、示廓灯和后位灯
    D. 倒车灯、示廓灯和后位灯

答案：A

3) 机动车在雪天临时停车时，应开启什么灯？

　　A. 前后雾灯、示廓灯和后位灯

　　B. 倒车灯、示廓灯和后位灯

　　C. 远光灯、示廓灯和后位灯

　　D. 危险报警闪光灯、示廓灯和后位灯

答案：D

4) 机动车停车的错误做法是什么？

　　A. 在规定地点停放

　　B. 禁止在人行道上停放

　　C. 在道路上临时停车时，不得妨碍其他机动车和行人通行

　　D. 可以停放在非机动车道上

答案：D

多选题

1) 驾驶机动车应该选择什么地点停车？

　　A. 停车场　　　　B. 施划的停车泊位内

　　C. 人行横道　　　D. 施工路段

答案：AB

2) 以下什么地点不能停车？

　　A. 人行横道

　　B. 停车场

　　C. 山区容易发生塌方、泥石流路段

　　D. 施划的停车泊位内

答案：AC

3) 机动车夜间在路边临时停车，以下做法错误的是什么？

　　A. 不开启灯光　　　　B. 开启远光灯

　　C. 开启危险报警闪光灯　D. 开启示廓灯、后位灯

答案：AB

4) 关于停车,以下做法错误的是什么?

　　A. 在交叉路口停车

　　B. 在铁路道口停车

　　C. 在山区易落石路段停车

　　D. 在停车场停车

答案:ABC

5) 关于停车,以下做法正确的是什么?

　　A. 按顺行方向停放

　　B. 车身不得超出停车泊位

　　C. 关闭电路

　　D. 锁好车

答案:ABCD

6) 临时停车,要注意什么?

　　A. 紧靠道路右侧

　　B. 交叉路口周围 50 米以内不得停车

　　C. 开左转向灯

　　D. 不得妨碍其他车辆和行人通行

答案:ABD

7) 停车时,以下做法错误的是什么?

　　A. 在交叉路口停车　　B. 在铁道路口停车

　　C. 停车泊位内停车　　D. 在停车场内停车

答案:AB

8) 关于影响制动停车距离的因素,以下说法正确的是什么?

　　A. 车辆行驶速度

　　B. 驾驶人的反应时间

　　C. 路面状况

　　D. 载货量的多少以及制动器的结构形式等

答案:ABCD

10　路口安全驾驶

直行通过没有交通信号的路口,要在接近路口时减速慢行。交叉路口情况复杂时,应做到"宁停三分,不抢一秒",不得鸣喇叭加速通过。

练习题

判断题

1) 驾驶机动车接近路口时,可以加速鸣喇叭通过。

答案:✗

2) 驾驶机动车在没有交通信号的路口要加速通过。

答案:✗

11　安全通过学校区域

行车中,看到路边注意儿童标志,要提前减速注意观察。遇到校车停车上下学生时,立即停车等待,直至校车离开。路边车辆停放较多时,一般是上学或放学时段,要预防儿童突然横过道路或路边停的车突然开启外侧车门。通过学校时,要减速慢行,注意观察标志标线,禁止鸣喇叭。遇到儿童列队横过道路时,及时停车让行。发现一侧有人向路对面学生招手,要及时减速或停车,预防小学生突然横穿道路扑向对面家长。

校车在同方向只有1条机动车道的道路上停靠时,后方车辆应当停车等待,不得超越。校车在同方向有2条以上机动车道的道路上停靠时,校车停靠车道后方和相邻机动车道上的机动车应当停车等待,其他机动车道上的机动车应当减速通过。

练习题

单选题

1) 驾驶机动车看到路边有这种标志时怎样行驶？

A. 采取紧急制动 B. 减速注意观察
C. 断续鸣喇叭   D. 做好绕行准备

答案：B

2) 驾驶机动车在学校门口遇到这种情况怎样行驶？

A. 从列队前方绕过 B. 减速慢行通过
C. 及时停车让行   D. 从列队空隙穿过

答案：C

3) 行车中遇儿童时，应怎样做？

A. 减速慢行，必要时停车避让
B. 长鸣喇叭催促
C. 迅速从一侧通过
D. 加速绕行

答案：A

3　安全文明驾驶常识　131

4）行车中遇列队横过道路的学生时，应怎样做？

　　A. 提前加速抢行　　　　B. 停车让行

　　C. 降低车速、缓慢通过　D. 连续鸣喇叭催促

答案：B

多选题

1）驾驶机动车通过学校时要注意什么？

　　A. 观察标志标线　　　　B. 减速慢行

　　C. 不要鸣喇叭　　　　　D. 快速通过

答案：ABC

2）驾驶机动车通过学校门口时应注意什么？

　　A. 观察标志标线　　　　B. 减速慢行

　　C. 不要鸣喇叭　　　　　D. 快速通过

答案：ABC

3）驾驶机动车遇到校车在道路右侧停车上下学生时，应注意什么？

　　A. 同向有3条机动车道，中间车道后方机动车应当停车等待

　　B. 同向有3条机动车道，左侧车道后方机动车可以减速通过

　　C. 同向有2条机动车道，左侧车道后方机动车可以减速通过

　　D. 同向只有1条机动车道，后方机动车应当停车等待

答案：ABD

判断题

1）驾驶机动车在学校门口遇到这种情况要做好随时停车的准备。

答案：√

2）行车中遇列队横过道路的学生时，应该降低车速、缓慢通过。

答案：✗

3）驾驶机动车遇到这种情况时，要快速向左绕过。

答案：✗

12 安全通过居民小区

驾驶机动车通过居民小区，要遵守限速标志的规定，按照限速行驶，注意避让居民，不得鸣喇叭。遇到居民或行人占道行走时，保持安全距离行驶，等待居民或行人让行。

练习题

[多][选][题]

驾驶机动车通过居民小区时要注意什么？
A. 遵守标志　　　　B. 低速行驶
C. 不鸣喇叭　　　　D. 避让居民

答案：ABCD

[判][断][题]

驾驶机动车在居民小区遇行人缓慢过马路时可以连续鸣喇叭。

答案：✗

13 弯道安全驾驶

驾驶机动车进入弯道前，要充分减速并靠右侧行驶。在道路急转弯处，要减速靠路右侧行驶，不能占用对方车道，做到"左转转大弯，右转转小弯"。

  驾驶摩托车高速行驶时急转向，极易造成侧滑或在离心力的作用下发生碰撞、倾翻事故。在弯路或曲线行驶路段速度过快，摩托车容易冲出弯道或侧滑，发生事故。

练习题

判断题

1）机动车遇有急弯路时，要在进入弯道后减速。

答案：×

2）摩托车通过弯道或曲线路段时，应提前减速，换入空挡。

答案：×

3）转弯时速度过快，摩托车容易冲出弯道或侧滑。

答案：√

4）摩托车高速行驶时急转向，极易造成侧滑相撞或在离心力的作用下发生倾翻的事故。

答案：√

3.2 文明行车常识

3.2.1 保护其他交通参与者

1 通过人行横道的安全礼让

  驾驶机动车通过人行横道前，要提前减速观察，随时准备停车避让行人和非机动车。遇到没有行人通过的人行横道，也要减速通过。遇到行人正在人行横道上行走时，要停车等待行人通过。在人行横道前，发现绿灯亮时还有行人横过道路的情况，要停车礼让，等行人通过后再起步。

练习题

[单选题]

1) 驾驶机动车遇到这种情况的人行横道怎样通过？

  A. 减速通过   B. 加速通过
  C. 鸣喇叭通过   D. 紧急制动

答案：A

2) 驾驶机动车在这种情况下怎样礼让行人？

  A. 等行人通过后再起步   B. 起步从行人前方绕过
  C. 鸣喇叭告知行人让道   D. 起步后缓慢靠近行人

答案：A

3) 驾驶机动车遇到这样的行人怎样行驶？

  A. 从其前方绕过   B. 从其身后绕行
  C. 鸣喇叭提醒   D. 主动停车礼让

答案：D

3 安全文明驾驶常识

4）驾驶机动车在路口遇到这种情况的行人怎么办？

A. 及时减速停车让行
B. 鸣喇叭示意其让道
C. 加速从行人前通过
D. 开前照灯示意其让道

答案：A

5）驾驶机动车遇到这种情形时，应怎么办？

A. 从行人前方绕行
B. 停车礼让行人先行
C. 鸣喇叭提醒行人
D. 从行人后方绕行

答案：B

判断题

1）驾驶机动车遇到这种情况的人行横道线可以加速通过。

答案：✗

2) 驾驶机动车在这种情况下可以适当鸣喇叭加速通过。

答案：×

3) 驾驶机动车在人行横道前遇到行人通过要减速慢行。

答案：×

4) 驾驶机动车接近人行横道的情况下，可以加速通过人行横道。

答案：×

2 保护行人

遇到专注于使用手机的行人时，应注意观察动态，谨慎驾驶，做好停车准备。遇到在路边玩耍的儿童时，应该考虑到路边儿童可能会因为打闹而突然冲入路内。

看到行动不便的老年人在路边缓慢行走时，不可连续鸣喇叭催其让道，要减速慢行，做好随时停车礼让的准备。遇到缓慢横过道路的老年人，要及时减速或停车让行。

发现有行人或儿童正在随意横过道路时，要正确判断行人或儿童的动态，减速行驶，做好停车避让准备。遇到有人翻越中间护栏时，要迅速减速或及时停车避让行人。在没有交通信号的路口发现有行人突然横穿道路时，要迅速减速或停车让行。

雨天遇到撑雨伞和穿雨衣的行人在路边行走时，应提前鸣喇叭，并降低车速行驶。通过路边有行人的积水路面时，一定要低速缓慢行驶，以免溅起的泥水弄脏行人的衣物。

练习题

单选题

1) 驾驶机动车突然遇到这种情况怎样做？

   A. 减速或停车让行　　B. 从行人前方绕行
   C. 持续鸣喇叭提醒　　D. 从行人后方绕行

   答案：A

2) 驾驶机动车遇到这种情况要如何行驶？

   A. 低速缓慢通过　　　B. 加速通过
   C. 连续鸣喇叭通过　　D. 保持正常车速通过

   答案：A

3) 驾驶机动车遇到这样的行人怎样礼让？

   A. 加速从前方绕过　　B. 加速从身后绕行
   C. 减速或停车让行　　D. 连续鸣喇叭提醒

   答案：C

4）驾驶机动车在雨天遇到撑雨伞和穿雨衣的行人在路边行走怎样礼让？

　　A．以正常速度行驶　　　　B．临近鸣喇叭示意
　　C．加速从左侧绕行　　　　D．提前减速鸣喇叭

答案：D

5）驾驶机动车驶近没有人行横道的交叉路口时，发现有人横穿道路，应怎样做？

　　A．减速或停车让行　　　　B．鸣喇叭示意其让道
　　C．抢在行人之前通过　　　D．立即变道绕过行人

答案：A

多选题

1）驾驶机动车遇到专注于使用手机的行人时，以下说法正确的是什么？

　　A．注意观察　　　　　　　B．从一侧加速绕过
　　C．谨慎驾驶　　　　　　　D．做好停车准备

答案：ACD

2）驾驶机动车行经没有交通信号的道路，遇行人横过道路时，错误的做法是什么？

　　A．鸣喇叭催促　　　　　　B．寻找间隙穿插驶过
　　C．减速或停车避让　　　　D．绕行通过

答案：ABD

判断题

1）行车中对出现这种行为的人不能礼让。

答案：✗

3　安全文明驾驶常识　139

2）行车中突然出现这种情况，驾驶人要及时减速或停车避让。

答案：√

3）驾驶机动车遇到这种情况的行人可连续鸣喇叭催其让道。

答案：×

4）驾驶机动车遇到成群青少年绕过路边停放的机动车时，要主动减速让行。

答案：√

3 保护骑车人

行车中，遇到在右侧同向行驶的非机动车占道影响通行时，要适当减速慢行，注意观察其动态，保持安全间距，不得鸣喇叭加速超越。

遇到成群的青少年骑自行车占道行驶时，要保持安全距离超越或主动减速让行。通过道路两侧有非机动车通行的积水路面时，一定要低速缓慢行驶，不得加速或连续鸣喇叭通过。

看到路口有非机动车准备横过人行横道或抢行时，要主动减速让行。

练习题

单选题

1) 驾驶机动车遇到这种情况怎样应对?

A. 连续鸣喇叭警告
B. 加速从前方绕过
C. 出现危险再减速
D. 主动减速让行

答案：D

2) 行车中，遇非机动车抢行时，应怎样做?

A. 加速通过
B. 鸣喇叭警告
C. 减速让行
D. 临近时突然加速

答案：C

判断题

1) 驾驶机动车在这种情况下要尽快加速通过。

答案：✗

2) 驾驶机动车遇到骑自行车的人占道影响通行时，可连续鸣喇叭加速从其左侧绕行。

答案：✗

3.2.2 文明驾驶

1 遇紧急车辆的处置

行车中遇到执行任务的警车、消防车、救护车，要及时减速让行。遇到执行任务的消防车或抢救伤员的救护车逆向驶来时，要迅速靠右侧减速让行。

练习题

[单选题]

行车中遇抢救伤员的救护车从本车道逆向驶来时，要怎样做？
A. 靠边减速或停车让行
B. 占用其他车道行驶
C. 加速向左变更车道避让
D. 在原车道内继续行驶

答案：A

[多选题]

驾驶机动车遇到以下哪些车辆需要让行？
A. 救护车　　B. 消防车　　C. 警车　　D. 校车

答案：ABCD

2 遇拥堵时的礼让

进入交叉路口前，看到因路口对面拥堵造成车辆停车等待时，即便是绿灯亮时也要在路口停止线外停车等待。

驶入拥堵的环形路口时，应减速或停车，注意避让已在路口内的车辆，应让路口内的车辆先行。

练习题

[单选题]

在路口遇到这种情形时怎么做？

A. 停在网状线区域内等待 B. 停在路口以外等待
C. 停在路口内等待 D. 跟随前车通过路口

答案：B

多选题

驾驶机动车遇到环形路口拥堵时，以下做法错误的是什么？

A. 继续驶入拥堵路口 B. 鸣喇叭让路口内的车辆让行
C. 快速驶入路口 D. 让路口内的车辆先行

答案：ABC

3 常见不文明行为

常见的违法驾驶行为和驾驶陋习有：

1) 驾驶摩托车手离车把或者在车把上悬挂物品。
2) 穿拖鞋、高跟鞋、松糕鞋、赤脚驾驶机动车。
3) 一边驾车，一边吸烟。
4) 边驾车，边打手持电话。
5) 变更车道或超车不开转向灯，强行（或随意）并线。
6) 遇有自行车借道通行时，急促鸣喇叭。
7) 靠中心线或轧线行驶。
8) 夜间会车或近距离跟车开启远光灯。

驾驶人在行车中接打手持电话或发短信，会分散驾驶人的注意力，影响正常驾驶操作，遇紧急情况反应不及时。

有效避免驾驶疲劳的做法是保持良好的睡眠，用餐不宜过饱，餐后适当休息后再驾车，连续驾驶不要超过4个小时。

练习题

单选题

1) 驾驶机动车变更车道时，属于驾驶陋习的是什么行为？

  A. 提前开启转向灯

  B. 仔细观察后变更车道

  C. 随意并线

  D. 不妨碍其他车道正常行驶的车辆

           答案：C

2) 驾驶人边驾车边吸烟的做法有什么影响？

  A. 妨碍安全驾驶 B. 可提高注意力

  C. 可缓解驾驶疲劳 D. 不影响驾驶操作

            答案：A

3) 下列关于驾驶摩托车的说法，正确的是哪一项？

  A. 可以随意操作转向把 B. 严禁原地转动转向把

  C. 严禁双手同时离开转向把 D. 双手可以临时离开转向把

            答案：C

多选题

1) 行车中驾驶人接打手机或发短信有什么危害？

  A. 影响乘车人休息 B. 分散驾驶注意力

  C. 影响正常驾驶操作 D. 遇紧急情况反应不及时

            答案：BCD

2) 下列哪些做法可以有效避免驾驶疲劳？

  A. 连续驾驶不超过4小时 B. 用餐不宜过饱

  C. 保持良好的睡眠 D. 餐后适当休息后驾车

            答案：ABCD

判断题

1) 驾驶人一边驾车，一边吸烟对安全行车无影响。

答案：✗

2) 行车中不开转向灯强行并线是违法行为。

答案：✓

3) 驾驶人在确认后方无来车的情况下，可以不开转向灯变更车道。

答案：✗

4) 驾驶人边驾车，边打手持电话是违法行为。

答案：✓

5) 在正常行车中，尽量靠近中心线或轧线行驶，不给对向机动车留有侵占行驶路线的机会。

答案：✗

6) 行车中驾驶人频繁变更车道不属于驾驶陋习。

答案：✗

7) 穿高跟鞋驾驶摩托车，不利于安全行车。

答案：✓

8) 驾驶摩托车时可单手离开车把，但不得双手同时离把。

答案：✗

9) 驾驶摩托车可以穿拖鞋。

答案：✗

10) 驾驶摩托车时不得在车把上悬挂物品。

答案：✓

11) 机动车行驶中遇有自行车借道通行时，可急促鸣喇叭示意其让路。

答案：✗

3.3 道路交通信号在交通场景中的综合应用

1 交通信号灯

绿灯亮时，要控制车速通过路口。红灯亮时，直行车辆要停在停止线以外停车等待绿灯放行。在堵车的交叉口绿灯亮时，车辆也不可驶入交叉路口。

黄灯亮时，要在停止线以外停车等待放行信号，已经越过停止线的车辆可以继续通行，不得在黄灯亮时抢行通过停止线进入路口。遇到黄色警示信号灯不断闪烁时，要注意瞭望，减速通过。

练习题

[单选题]

驾驶机动车在这个位置怎样安全通过？

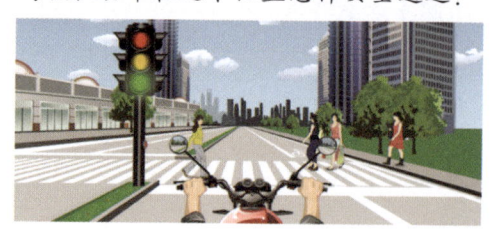

A. 减速，鸣喇叭示意
B. 从行人后绕行通过
C. 加速从行人前通过
D. 停车等待行人通过

答案：D

[判断题]

1) 在交叉路口遇到这种情况时，要在红灯亮以前加速通过路口。

答案：✗

2）驾驶机动车在路口看到这种信号灯亮时，要加速通过。

答案：✗

3）遇到这种情况的路段，可以进入网状线区域内停车等待。

答案：✗

2 警告标志

标志				
含义	十字交叉路口	T形交叉路口	向右急弯路	向左急弯路
标志				
含义	反向弯路	连续弯路	上陡坡	下陡坡

3 安全文明驾驶常识 147

(续)

标志				
含义	连续下坡	两侧变窄	右侧变窄	左侧变窄
标志				
含义	窄桥	注意行人	注意儿童	注意残疾人
标志				
含义	注意非机动车	注意信号灯	村庄或集镇	过水路面
标志				
含义	驼峰桥	路面不平	减速丘	路面低洼
标志				
含义	慢行	注意危险	事故易发路段	有人看守铁路道口
标志				
含义	无人看守铁路道口			

练习题

[单][选][题]

1) 这个标志是何含义？

A. T形交叉路口
B. Y形交叉路口
C. 十字交叉路口
D. 环行交叉路口

答案：C

2) 这个标志是何含义？

A. T形交叉路口
B. Y形交叉路口
C. 十字交叉路口
D. 环行交叉路口

答案：A

3) 这个标志是何含义？

A. 向左急弯路
B. 向右急弯路
C. 向右绕行
D. 连续弯路

答案：B

4) 这个标志是何含义？

3 安全文明驾驶常识　149

A. 向左急弯路　　　　B. 向右急弯路
C. 向左绕行　　　　　D. 连续弯路

答案：A

5) 这个标志是何含义？

A. N形弯路　　　　　B. 急转弯路
C. 反向弯路　　　　　D. 连续弯路

答案：C

6) 这个标志是何含义？

A. N形弯路　　　　　B. 急转弯路
C. 反向弯路　　　　　D. 连续弯路

答案：D

7) 这个标志是何含义？

A. 堤坝路　　　　　　B. 上陡坡
C. 连续上坡　　　　　D. 下陡坡

答案：B

8) 这个标志是何含义？

A. 堤坝路　　　　　　B. 上陡坡
C. 下陡坡　　　　　　D. 连续上坡

答案：C

9）这个标志是何含义？

A. 连续上坡　　　　　B. 上陡坡
C. 下陡坡　　　　　　D. 连续下坡

答案：D

10）这个标志是何含义？

A. 两侧变窄　　　　　B. 右侧变窄
C. 左侧变窄　　　　　D. 宽度变窄

答案：A

11）这个标志是何含义？

A. 两侧变窄　　　　　B. 右侧变窄
C. 左侧变窄　　　　　D. 宽度变窄

答案：B

12）这个标志是何含义？

A. 两侧变窄 　　　　　B. 右侧变窄
C. 左侧变窄 　　　　　D. 宽度变窄

答案：C

13）这个标志是何含义？

A. 窄路 　　　　　　　B. 右侧变窄
C. 左侧变窄 　　　　　D. 窄桥

答案：D

14）这个标志是何含义？

A. 人行横道 　　　　　B. 注意行人
C. 注意儿童 　　　　　D. 学校区域

答案：B

15）这个标志是何含义？

A. 注意行人 　　　　　B. 人行横道
C. 注意儿童 　　　　　D. 学校区域

答案：C

16) 这个标志是何含义?

A. 交叉路口 　　　　　B. 注意信号灯
C. 注意行人 　　　　　D. 人行横道灯

答案：B

17) 这个标志是何含义?

A. 注意行人 　　　　　B. 有人行横道
C. 村庄或集镇 　　　　D. 有小学校

答案：C

18) 这个标志是何含义?

A. 路面低洼 　　　　　B. 驼峰桥
C. 路面不平 　　　　　D. 路面高突

答案：C

19) 这个标志是何含义?

A. 路面低洼 　　　　　B. 驼峰桥
C. 路面不平 　　　　　D. 减速丘

答案：D

3　安全文明驾驶常识　　153

20）这个标志是何含义？

A. 路面高突　　　　　B. 驼峰桥
C. 路面不平　　　　　D. 路面低洼

答案：D

21）这个标志是何含义？

A. 过水路面　　　　　B. 渡口
C. 泥泞道路　　　　　D. 低洼路面

答案：A

22）这个标志是何含义？

A. 无人看守铁路道口　　　　B. 有人看守铁路道口
C. 多股铁路与道路相交　　　D. 立交式的铁路道口

答案：B

23）这个标志是何含义？

A. 多股铁路与道路相交　　　B. 有人看守铁路道口
C. 无人看守铁路道口　　　　D. 注意长时鸣喇叭

答案：C

24) 这个标志是何含义?

A. 避让非机动车 B. 非机动车道
C. 禁止非机动车通行 D. 注意非机动车

答案：D

25) 这个标志是何含义?

A. 注意残疾人 B. 残疾人出入口
C. 残疾人休息处 D. 残疾人专用通道

答案：A

26) 这个标志是何含义?

A. 施工路段 B. 事故易发路段
C. 减速慢行路段 D. 拥堵路段

答案：B

27) 这个标志是何含义?

A. 施工路段 B. 车多路段
C. 慢行 D. 拥堵路段

答案：C

28）这个标志是何含义？

A．事故多发路段　　B．减速慢行
C．注意危险　　　　D．拥堵路段

答案：C

29）如图所示，看到这个标志时，应该想到什么？

A．视野范围内无行人，可以保持原速行驶
B．应当相应快速行驶
C．前方有人行横道
D．视野范围内无行人，可以适当加速通过

答案：C

3　禁令标志

标志	停	让	○	↰
含义	停车让行	减速让行	禁止通行	禁止向左转弯

标志	↱	↑	↰↱	↑↰
含义	禁止向右转弯	禁止直行	禁止向左向右转弯	禁止直行和向左转弯

(续)

标志				
含义	禁止直行和向右转弯	禁止掉头	禁止超车	解除禁止超车
标志				
含义	禁止车辆长时停放	禁止车辆停放	禁止鸣喇叭	限制速度
标志				
含义	解除限制速度	停车检查		

练习题

[单][选][题]

1) 这个标志是何含义?

A. 停车让行　　　　　B. 不准长时间停车
C. 不准车辆驶入　　　D. 不准临时停车

答案：A

2) 这个标志是何含义？

A. 不准让行　　　　　　B. 会车让行
C. 停车让行　　　　　　D. 减速让行

答案：D

3) 这个标志是何含义？

A. 禁止驶入　　　　　　B. 禁止通行
C. 减速行驶　　　　　　D. 限时进入

答案：B

4) 这个标志是何含义？

A. 禁止向左转弯　　　　B. 禁止驶入左车道
C. 禁止车辆掉头　　　　D. 禁止向左变道

答案：A

5) 这个标志是何含义？

A. 禁止驶入路口　　　　B. 禁止向右转弯
C. 禁止车辆掉头　　　　D. 禁止变更车道

答案：B

6）这个标志是何含义？

A. 禁止掉头 B. 禁止向右转弯
C. 禁止直行 D. 禁止向左转弯

答案：C

7）这个标志是何含义？

A. 禁止在路口掉头 B. 禁止向左向右变道
C. 禁止车辆直行 D. 禁止向左向右转弯

答案：D

8）这个标志是何含义？

A. 禁止直行和向左转弯 B. 禁止直行和向左变道
C. 允许直行和向左变道 D. 禁止直行和向右转弯

答案：A

9）这个标志是何含义？

A. 禁止直行和向左转弯 B. 禁止直行和向左变道
C. 允许直行和向左变道 D. 禁止直行和向右转弯

答案：D

10）这个标志是何含义？

A. 禁止直行　　　　B. 禁止掉头
C. 禁止变道　　　　D. 禁止左转

答案：B

11）这个标志是何含义？

A. 禁止借道　　　　B. 禁止变道
C. 禁止超车　　　　D. 禁止掉头

答案：C

12）这个标志是何含义？

A. 解除禁止借道　　B. 解除禁止变道
C. 准许变道行驶　　D. 解除禁止超车

答案：D

13）这个标志是何含义？

A. 允许长时停车　　B. 允许临时停车
C. 禁止长时停车　　D. 禁止停放车辆

答案：D

14）这个标志是何含义？

A. 允许长时停车　　　　B. 禁止临时停车
C. 禁止长时停车　　　　D. 禁止停放车辆

答案：C

15）这个标志是何含义？

A. 禁止长时鸣喇叭　　　B. 断续鸣喇叭
C. 禁止鸣喇叭　　　　　D. 减速鸣喇叭

答案：C

16）这个标志是何含义？

A. 限制 40 吨轴重　　　 B. 限制最高时速 40 公里
C. 前方 40 米减速　　　 D. 最低时速 40 公里

答案：B

17）这个标志是何含义？

A. 40 米减速行驶路段　　B. 最低时速 40 公里
C. 解除时速 40 公里限制　D. 最高时速 40 公里

答案：C

18）这个标志是何含义？

A. 边防检查　　　　　B. 禁止通行
C. 海关检查　　　　　D. 停车检查

答案：D

19）驾驶机动车在有这种标志的路口怎样通过最安全？

A. 加速尽快进入路口　　　　B. 减速缓慢进入路口
C. 停车观察路口情况　　　　D. 减速观察左后方情况

答案：B

20）驾驶机动车在有这种标志的路口怎样通过最安全？

A. 停车观察路口情况　　　　B. 加速尽快进入路口
C. 减速观察左后方情况　　　D. 减速缓慢进入路口

答案：A

判断题

行驶到这个路口不可以压斑马线掉头。

答案：√

4 指示标志

标志	⟳	📯	🚶
含义	环岛行驶	鸣喇叭	人行横道
标志	🚗	🚙	🚲
含义	机动车行驶	机动车车道	非机动车行驶
标志	🚲	↰	🚶
含义	非机动车车道	允许掉头	步行

练习题

[单][选][题]

1）这个标志是何含义？

A. 右侧通行　　　　　B. 左侧通行
C. 向右行驶　　　　　D. 环岛行驶

答案：D

2）这个标志是何含义？

A. 必须鸣喇叭　　　　B. 禁止鸣喇叭
C. 禁止鸣高音喇叭　　D. 禁止鸣低音喇叭

答案：A

3）这个标志是何含义？

A. 人行横道　　　　　B. 学生通道
C. 儿童通道　　　　　D. 注意行人

答案：A

4）这个标志是何含义？

A. 禁止小型车行驶　　B. 机动车行驶
C. 只准小型车行驶　　D. 不准小型车通行

答案：B

5）这个标志是何含义？

A. 小型车车道　　　　　B. 小型车专用车道
C. 机动车车道　　　　　D. 多乘员车辆专用车道

答案：C

6) 这个标志是何含义？

A. 非机动车停车位　　　B. 电动自行车行驶
C. 非机动车停放区　　　D. 非机动车行驶

答案：D

7) 这个标志是何含义？

A. 非机动车车道　　　　B. 禁止自行车通行车道
C. 自行车专用车道　　　D. 停放自行车路段

答案：A

8) 这个标志是何含义？

A. 掉头　　B. 倒车　　C. 左转　　D. 绕行

答案：A

9) 这个标志是何含义？

3　安全文明驾驶常识　165

A. 行人先行　　　　B. 低速行驶
C. 注意行人　　　　D. 仅供行人步行

答案：D

[判断题]

驾驶机动车看到这个标志时要及时减速，注意观察。

答案：√

5　交通标线

标志	◇	自行车图案	停止线图案
含义	人行横道预告	非机动车车道	停止线

标志	减速让行图案	停车让行图案	
含义	减速让行线	停车让行线	

(练习题)

[单选题]

1) 这个路面标记是什么含义？

A. 自行车专用道　　　　B. 非机动车车道
C. 电瓶车专用道　　　　D. 摩托车专用道

答案：B

2）这个路面标记是什么标线？

A. 人行横道预告　　　　B. 减速让行预告
C. 停车让行预告　　　　D. 交叉路口预告

答案：A

3）路口最前端的双白虚线是什么含义？

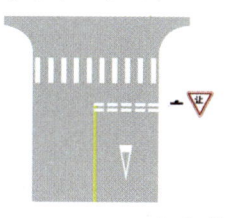

A. 减速让行线　　　　　B. 左弯待转线
C. 停车让行线　　　　　D. 等候放行线

答案：A

4）路口最前端的双白实线是什么含义？

3　安全文明驾驶常识　167

A. 左弯待转线　　　　B. 停车让行线

C. 减速让行线　　　　D. 等候放行线

答案：B

5）图中圈内白色横实线是什么含义？

A. 减速线　　　　　　B. 让行线

C. 待转线　　　　　　D. 停止线

答案：D

3.4　恶劣气象和复杂道路条件下安全驾驶知识

▶3.4.1　通过隧道时的安全驾驶

驾驶机动车在隧道内通行，要使用近光灯。驶入双向行驶的隧道前，应开启示廓灯或者近光灯。在双向行驶的隧道内会车时，要保持安全距离。严禁在隧道内变更车道、超车和随意停车。隧道内不得掉头、倒车。

机动车在隧道内发生火灾等紧急情况需疏散逃生时，驾驶人应当按照标识的指引，驾驶机动车驶入对向隧道或其他安全通道逃生。

练习题

[单选题]

机动车驶入双向行驶隧道前，要如何使用灯光？

A. 开启危险报警闪光灯 B. 开启远光灯
C. 开启雾灯 D. 开启近光灯

答案：D

[多选题]

1) 机动车通过隧道时，禁止以下哪些行为？
   A. 超车 B. 停车
   C. 掉头 D. 倒车

答案：ABCD

2) 驾驶机动车在隧道内通行时，哪些行为是不正确的？
   A. 会车使用远光灯 B. 在隧道内超车
   C. 会车时保持安全距离 D. 开启近光灯行驶

答案：AB

[判断题]

如图所示，在隧道内发生火灾等紧急情况需疏散逃生时，驾驶人应当按照以下标识的指引，驾驶机动车驶入对向隧道或其他安全通道逃生。

答案：√

3.4.2 山区道路安全驾驶

1 跟车安全距离的控制

驾驶机动车在山区道路上坡路段行驶时，为了保持有足够的动力爬坡，需要在车速下降前减挡后加速上坡。在上坡路段跟车行驶过程中，遇前车突然停车时，应保持大距离停车。驶近坡道顶端等影响安全视线的路段时，应减速慢行并鸣喇叭提示。

在山区道路下长坡连续使用行车制动，会导致制动器温度升高而使制动效果下降。下长、陡坡路段行驶，控制车速最有效、最安全的方法是减挡行驶，必要时可挂低速挡，充分利用发动机制动，不得空挡滑行。

驾驶机动车高速行驶时急转向，极易造成车辆侧滑相撞或在离心力的作用下发生侧翻事故。在通过弯道或曲线路段时，应在弯前提前减速，换入低速挡。转弯时速度过快，摩托车容易冲出弯道或侧滑。

在颠簸路面上行驶时，应提前挂低速挡，尽量选择平缓或者浅坑路面缓慢行驶，以减轻颠簸。

驾驶摩托车遇危险复杂路况时，应以中低速匀速行驶，注意保持车身平衡，谨慎通过。

练习题

[单选题]

1) 驾驶机动车在山区道路怎样跟车行驶？
   A. 紧随前车之后　　　　B. 加大安全距离
   C. 减小纵向间距　　　　D. 尽快超越前车

   答案：B

2) 驾驶机动车在山区上坡路段跟车过程中遇前车停车时怎么办？
   A. 从前车两侧超越　　　B. 紧跟前车后停车
   C. 保持大距离停车　　　D. 连续鸣喇叭提示

   答案：C

[多选题]

1) 在山区道路行驶时，驾驶人要注意什么？
   A. 保持与前车的安全距离

B. 避免转弯时占道行驶

C. 上陡坡提前换低速挡

D. 下长坡时，充分利用发动机制动

答案：ABCD

2) 机动车行驶至转弯路段时，易引发事故的驾驶行为有什么？

A. 占对向车道行驶　　B. 弯道内急转向

C. 驶入弯道前不减速　D. 靠路右侧行驶

答案：ABC

|判|断|题|

1) 摩托车在颠簸路面上行驶时，驾驶人应采取低挡低速，尽量选择坑大的地方行驶，以减小颠簸。

答案：✗

2) 摩托车遇危险、复杂路况时，驾驶人应以中低速匀速行驶，注意保持车身平衡，谨慎通过。

答案：√

2 超车安全驾驶

　　山区道路行车尽量避免超车，在山区路段超车时，应提前开启左转向灯，鸣喇叭，确认前车让超后超越。在上坡路段接近坡顶时，超车存在风险，接近坡顶时视线受阻，无法观察坡顶之后的道路走向、对向来车情况和坡顶之后是否有障碍物。下坡路段车辆由于重力作用，车速容易过快，车辆比平路时操控困难，因此在山区下坡路段尽量避免超车。驾驶摩托车在山区道路下急坡时，切忌超车。

练习题

|多|选|题|

1) 驾驶机动车在山区道路下坡路段尽量避免超车，以下说法正

确的是什么？

A. 下坡路段车辆由于重力作用，车速容易过快

B. 下坡路段由于重力作用，车辆比平路时操控困难

C. 下坡路段行驶阻力很大

D. 下坡路段前车车速较快，难以超越

答案：AB

2) 驾驶机动车在山区路段超车时，以下哪些做法正确？

A. 提前开启左转向灯　　B. 提前鸣喇叭

C. 确认前车让超后超越　　D. 直接加速超越

答案：ABC

3) 驾驶机动车在山区道路上坡接近坡顶时，超车存在风险，以下说法正确的是什么？

A. 接近坡顶时视线受阻，无法观察坡顶之后的道路走向

B. 接近坡顶时视线受阻，无法观察对向来车情况

C. 接近坡顶时车速较慢

D. 接近坡顶时视线受阻，无法观察坡顶之后是否有障碍物

答案：ABD

判断题

摩托车在山区道路下急坡时，切忌超车。

答案：√

3　会车安全驾驶

在狭窄的坡路会车时，下坡车让上坡车先行。下坡车已行至中途而上坡车未上坡时，上坡车让下坡车先行。

练习题

单选题

机动车在狭窄的坡路会车时，正确的会车方法是什么？

A. 下坡车让上坡车

B. 距离坡顶远的一方让行

C. 上坡车让下坡车

D. 下坡车已行至中途而上坡车未上坡时，让上坡车

答案：A

|判||断||题|

机动车在狭窄的坡路会车时，正确的会车方法是上坡车让下坡车。

答案：✗

4 上坡道安全驾驶

驾驶机动车在山区上坡路段行驶，应尽量匀速前进，避免换挡，时刻注意下行车辆。山区道路上坡行驶时，要在车速下降前减挡，以保持充足动力。驶近坡道顶端等影响安全视距的路段时，要减速慢行并鸣喇叭示意，不得加速冲过坡顶。

练习题

|单||选||题|

1）驾驶机动车上坡行驶如何保持充足动力？

  A. 在车速下降前减挡 B. 在车速下降后减挡

  C. 在车速过低时减挡 D. 尽量使用越级减挡

答案：A

2）机动车驶近坡道顶端等影响安全视距的路段时，要如何保证安全？

  A. 快速通过 B. 使用危险报警闪光灯

  C. 减速慢行并鸣喇叭示意 D. 随意通行

答案：C

3 安全文明驾驶常识

多选题

驾驶机动车在山区上坡路段行驶，以下做法正确的是什么？

A. 应尽量匀速前进　　　B. 应尽量避免换挡

C. 时刻注意下行车辆　　D. 应选择高速挡

答案：ABC

5 下坡道安全驾驶

驾驶机动车在山区道路下坡行驶时，要提前减速减挡，利用发动机制动控制速度。下长坡或下陡坡时，要根据坡度的大小，提前选择中速挡或低速挡行驶，用挡位控制车速。下长坡连续使用行车制动，会使制动器温度升高而使制动效能急剧下降，造成制动器制动效果下降或行车制动器失灵。下长坡严禁使用空挡滑行。

练习题

单选题

1) 下长坡时，控制车速的正确方法是什么？

　　A. 空挡滑行　　　　　　B. 挂低速挡

　　C. 踩下离合器踏板滑行　D. 使用驻车制动器

答案：B

2) 下长坡连续使用行车制动会造成什么不良后果？

　　A. 缩短发动机使用寿命　B. 驾驶人容易疲劳

　　C. 容易造成机动车倾翻　D. 制动器制动效果下降

答案：D

3) 下长坡控制车速最安全的方法是什么？

　　A. 挂入空挡滑行　　　　B. 踩下离合器踏板滑行

　　C. 利用发动机制动　　　D. 持续踩制动踏板

答案：C

[判断题]

1) 摩托车下长坡时要减挡行驶,以充分利用发动机的制动作用。

答案:√

2) 摩托车在下坡行驶时,可充分利用空挡滑行。

答案:✗

3.4.3 夜间安全驾驶

1 夜间灯光的使用

夜间驾驶机动车起步,应首先开启近光灯。通过照明条件良好的路段,使用近光灯。

夜间驾驶机动车通过没有交通信号灯控制的交叉路口交替使用远近光灯示意。夜间驾驶机动车驶近上坡路坡顶时,应合理控制车速,交替变换远近光灯。夜间在路边临时停车时,应开启示廓灯、后位灯和危险报警闪光灯。

[练习题]

[单选题]

1) 夜间驾驶机动车通过照明条件良好的路段时,怎样使用灯光?
   A. 使用前后雾灯　　　　B. 使用近光灯
   C. 使用远光灯　　　　　D. 使用危险报警闪光灯

答案:B

2) 机动车在夜间通过没有交通信号灯控制的交叉路口时,怎样使用灯光?
   A. 使用远光灯　　　　　B. 使用近光灯
   C. 使用危险报警闪光灯　D. 交替使用远近光灯示意

答案:D

3) 机动车在夜间临时停车时，应开启什么灯？
   A. 前后雾灯、示廓灯和后位灯
   B. 前照灯、示廓灯和后位灯
   C. 危险报警闪光灯、示廓灯和后位灯
   D. 倒车灯、示廓灯和后位灯

   答案：C

[多选题]

夜间路边临时停车，以下做法错误的是什么？
A. 开启示廓灯、后位灯　　　B. 开危险报警闪光灯
C. 不开启灯光　　　　　　　D. 开远光灯

答案：CD

[判断题]

1) 夜间驾驶机动车起步应首先开启近光灯。

答案：√

2) 夜间驾驶机动车在照明条件良好的路段可以不使用灯光。

答案：×

2 夜间跟车安全驾驶

　　在夜间行驶，要降低速度，谨慎驾驶。在照明条件良好的路段跟车行驶，要使用近光灯，保持安全距离，注意前车信号灯变化，做好减速或停车准备。在路口遇到前车遮挡交通信号灯时，应减速做好停车准备。

【练习题】

[单选题]

1) 机动车在夜间行驶如何保证安全？
   A. 以最高设计车速行驶　　B. 降低速度，谨慎驾驶

C. 保持现有速度行驶　　D. 以超过规定的最高车速行驶

答案：B

2）夜间驾驶机动车在照明条件良好的路段跟车行驶怎样使用灯光？

A. 关闭前照灯　　　　B. 使用远光灯
C. 关闭所有车灯　　　D. 使用近光灯

答案：D

[多][选][题]

夜间在这种道路条件下怎样跟车行驶？

A. 注意前车信号灯变化　　B. 使用近光灯
C. 保持安全距离　　　　　D. 做好减速或停车准备

答案：ABCD

3　夜间超车安全驾驶

夜间驾驶机动车超车遇前车不让路时，要保持距离等待让行，不得连续鸣喇叭、开启远光灯或连续变换远近光灯。

练习题

[单][选][题]

夜间驾驶机动车超车遇前车不让路时怎样处置？

A. 连续鸣喇叭提示　　　　B. 开远光灯尾随行驶
C. 保持距离等待让行　　　D. 连续变换前照灯远近光

答案：C

3　安全文明驾驶常识　177

4 夜间会车时的安全驾驶

夜间驾驶机动车会车前，为了便于双方观察前方情况，两车在相距150米之外交替变换远近光灯。在窄路或窄桥遇到对面驶来非机动车时，应使用近光灯、减速或停车避让。

遇到对向来车未关闭远光灯时，可变换使用远近光灯提示，如遇对方持续开启远光灯，应当使用近光灯，视线向右平移防止目眩，及时减速，保持低速靠右侧会车或靠边停车让行。如果对面来车近距离仍未关闭远光灯，应减速行驶。

练习题

[单选题]

1) 夜间会车前，两车在相距150米之外交替变换前照灯远近光的作用是什么？

   A. 会车前两车之间相互提示　　B. 驾驶操作的习惯行为

   C. 便于双方观察前方情况　　　D. 驾驶人之间的一种礼节

   答案：C

2) 夜间驾驶机动车在窄路或者窄桥遇自行车对向驶来时，怎样使用灯光？

   A. 连续变换远近光灯　　　B. 使用示廓灯

   C. 使用远光灯　　　　　　D. 使用近光灯

   答案：D

[多选题]

1) 夜间会车时，对面来车不关闭远光灯怎么办？

   A. 及时减速让行，必要时靠边停车

   B. 开启远光灯，迫使来车变换灯光

C. 视线向右平移，防止目眩

D. 交替变换远近光灯，提醒来车

答案：ACD

2) 夜间驾驶机动车会车时，对方一直使用远光灯，以下做法正确的是什么？

A. 不停变换远近光灯以及鸣喇叭提醒对方

B. 视线适当右移，避免直视灯光

C. 降低车速，靠右行驶

D. 变换远光灯行驶

答案：BC

5 夜间发生故障时安全驾驶

驾驶机动车在夜间发生故障、可以移动的，选择安全区域停车，开启危险报警闪光灯、示廓灯和后位灯，按规定设置警告标志等待救援。

练习题

[多][选][题]

机动车在夜间发生故障时，驾驶人要做什么以确保安全？

A. 选择安全区域停车　　　　B. 开启危险报警闪光灯

C. 开启示廓灯和后位灯　　　D. 按规定设置警告标志

答案：ABCD

[判][断][题]

夜间驾驶机动车遇车辆故障、可以移动的，应将车移至路边，开启危险报警闪光灯，等待救援。

答案：√

3.4.4 特殊道路及恶劣气象条件下的安全驾驶

1 雨天安全驾驶

雨天影响安全行车的主要因素有视线受阻、路面湿滑、附着力变小，制动距离会增大，影响驾驶人视野。机动车在湿滑路面上行驶时，路面附着力随着车速的增加急剧减小，在雨天湿滑路面行车要尽量避免紧急制动。大雨天行车，为避免发生"水滑"而造成危险，要控制速度行驶。雨天急踩制动踏板，易导致后车追尾、产生侧滑。

驾驶机动车在雨天起步前，应开启近光灯，使用刮水器。由于雨天行车，道路湿滑，车辆易出现侧滑现象，驾驶人不能准确判断周围的车辆距离，周围车辆驾驶人不容易看清超车信号，不能够及时发现危险情况，不宜超车。雨天临时停车，应开启危险报警闪光灯。

遇行人占道行走时，应提前减速行驶，鸣喇叭提醒，保持安全距离，注意行人动态，随时准备停车，不得急加速绕行。临近行人时，保持低速缓慢通过，防止泥水溅到行人身上。雨天行车，应注意与非机动车和行人保持安全距离，注意非机动车和行人动态，选择安全车速行驶，避免紧急制动、紧急转向，以免发生侧滑。

练习题

[单选题]

1) 驾驶机动车在湿滑路面上行驶时，路面附着力随着车速的增加如何变化？
   A. 急剧增大　　　　　B. 逐渐增大
   C. 急剧减小　　　　　D. 没有变化

答案：C

2） 驾驶机动车在雨天临时停车注意什么？
　　A. 开启危险报警闪光灯　　B. 开启前后雾灯
　　C. 开启近光灯　　　　　　D. 在车后设置警告标志

答案：A

多选题

1） 雨天影响安全行车的主要因素有哪些？
　　A. 视线受阻　　　　　　　B. 路面湿滑
　　C. 附着力变小　　　　　　D. 行驶阻力增大

答案：ABC

2） 雨天安全行车的注意事项是什么？
　　A. 避免紧急制动、紧急转向　B. 保持足够的安全距离
　　C. 注意非机动车和行人动态　D. 选择安全车速行驶

答案：ABCD

3） 雨天遇到这种行人占道行走时怎样通行？

　　A. 提前减速行驶　　　　　B. 提前鸣喇叭提醒
　　C. 不得急加速绕行　　　　D. 保持安全距离

答案：ABCD

4） 雨天驾驶机动车，不宜超车的主要原因是什么？
　　A. 不能准确判断周围的车辆距离
　　B. 周围车辆驾驶人不容易看清超车信号
　　C. 道路湿滑，车辆易出现侧滑现象
　　D. 不能够及时发现危险情况

答案：ABCD

5) 雨天驾驶机动车，不可以急踩制动踏板的主要原因是什么？
   A. 易导致后车追尾　　B. 会相应增大油耗
   C. 易产生侧滑　　　　D. 会相应减少油耗
   答案：AC

6) 雨天驾驶机动车减速慢行的主要原因是什么？
   A. 驾驶人视野受影响　　B. 过快的速度会使油耗增加
   C. 制动距离会增大　　　D. 紧急制动易发生侧滑
   答案：ACD

判断题

1) 在大雨天行车，为避免发生"水滑"而造成危险，要控制速度行驶。
   答案：√

2) 雨天超车要开启前照灯，连续鸣喇叭迅速超越。
   答案：×

3) 在雨天湿滑路面行车要尽量避免紧急制动。
   答案：√

2 冰雪道路的安全驾驶

冰雪路面行车，车辆稳定性降低，操控难度增大，制动距离延长，极易发生侧滑，加速过急时易产生车轮空转或溜滑。有积雪的道路，由于积雪对光线的反射，极易造成驾驶人目眩。

在冰雪道路行车，必须降低车速行驶，减速或停车充分利用发动机牵制作用制动。在冰雪路面制动时，发现车辆侧滑偏离方向，不得踩制动踏板，不得猛打方向调整。冰雪道路跟车行驶要保持较大的安全距离。在积雪覆盖的路面行车，有车辙的路段要循车辙低速行驶。在有雪泥的路上不宜超车，超车时飞起的雪泥遮挡视线，遇紧急情况制动距离长，雪泥下的路面更容易打滑，危险性大。驾驶摩托车在冰雪道路制动时，驾驶人应果断采用点制动减速，并在制动时双脚做好落地的准备。

山区冰雪道路行驶遇前车正在爬坡时，应选择适当地点停车，等前车通过后再爬坡。在结冰的道路上会车时，应提前减速，缓慢交会。雪天临时停车，要开启危险报警闪光灯提醒其他车辆。

练习题

单选题

1) 驾驶机动车在冰雪路面行车应注意什么？
   - A. 制动距离延长
   - B. 抗滑能力变大
   - C. 路面附着力变大
   - D. 制动距离变短

   答案：A

2) 驾驶机动车在冰雪路面上减速或停车，怎样降低车速？
   - A. 充分利用行车制动器
   - B. 充分利用发动机牵制作用
   - C. 充分利用驻车制动器
   - D. 充分利用缓速器

   答案：B

3) 驾驶机动车在冰雪路面怎样跟车行驶？
   - A. 保持较大的安全距离
   - B. 开启危险报警闪光灯
   - C. 不断变换前照灯远近光
   - D. 适时鸣喇叭提示前车

   答案：A

4) 驾驶机动车在山区冰雪道路上遇前车正在爬坡时如何处置？
   - A. 前车通过后再爬坡
   - B. 迅速超越前车爬坡
   - C. 低速超越前车爬坡
   - D. 紧随前车后爬坡

   答案：A

5) 驾驶机动车在结冰的道路上怎样会车？
   - A. 两车临近时减速
   - B. 适当加速交会
   - C. 提前减速缓慢交会
   - D. 尽量靠近中线交会

   答案：C

多选题

1) 冰雪路面对行车有哪些不利影响？
    A. 车辆操控难度增大　　B. 制动距离延长
    C. 易产生车轮滑转　　　D. 极易发生侧滑
                            答案：ABCD

2) 为什么大雪天气，在有雪泥的路上超车危险？
    A. 飞起的雪泥遮挡视线　　B. 遇紧急情况制动距离长
    C. 雪泥下的路面更容易打滑　D. 雪泥可以增加轮胎的附着力
                            答案：ABC

判断题

1) 冰雪道路行车，由于积雪对光线的反射，极易造成驾驶人目眩。
                            答案：√

2) 在冰雪道路上行车时，机动车的稳定性降低，加速过急时车轮易空转或溜滑。
                            答案：√

3) 雪天行车中，在有车辙的路段要循车辙行驶。
                            答案：√

4) 在冰雪路面处理情况不能使用紧急制动，但可采取急转向的方法躲避。
                            答案：×

5) 在雪天临时停车要开启前照灯和雾灯。
                            答案：×

6) 在冰雪道路上行车时，摩托车的稳定性降低，加速过急时车轮极易空转或溜滑。
                            答案：√

7) 摩托车在冰雪路面制动时，驾驶人应采用点制动，并在制动时双脚做好落地的准备。
                            答案：√

3 雾天安全驾驶

雾天行车，能见度低，要正确使用灯光，开启雾灯和危险报警闪光灯。雾天在公路行车可多使用喇叭引起对向注意，听到对向车辆鸣喇叭，要鸣喇叭回应。

雾天机动车在道路上通行，要减速慢行，保持安全车距。雾天跟车行驶，要降低行车速度，加大跟车间距，注意前车动态和制动灯的变化。雾天两车交会，要低速大间距。遇到大雾或特大雾、浓雾等能见度过低的天气，行车困难时，开启危险报警闪光灯和雾灯，选择安全地点停车，停车后不要关闭危险报警闪光灯。

练习题

单选题

1) 雾天对安全行车的主要影响是什么？
   A. 易发生侧滑　　　　B. 能见度低
   C. 行驶阻力大　　　　D. 视野变宽

   答案：B

2) 机动车在雾天行驶时，要开启什么灯？
   A. 雾灯和危险报警闪光灯　　B. 雾灯和转向灯
   C. 雾灯和远光灯　　　　　　D. 雾灯和近光灯

   答案：A

3) 驾驶机动车在雾天怎样跟车行驶？
   A. 保持大间距　　　　B. 开启远光灯
   C. 开启近光灯　　　　D. 适时鸣喇叭

   答案：A

4) 驾驶机动车在雾天两车交会时怎样做最安全？
  A．开启远光灯　　　　B．低速大间距
  C．开启近光灯　　　　D．开启雾灯
  答案：B

5) 驾驶机动车遇到大雾或特大雾等能见度过低的天气时如何做？
  A．开启前照灯低速行驶　　B．开启雾灯低速行驶
  C．选择安全地点停车　　　D．紧靠路边低速行驶
  答案：C

[多选题]

雾天机动车在道路上通行，驾驶人应怎样做？
A．减速慢行　　　　　B．与前车保持安全车距
C．正确使用灯光　　　D．高速行驶
答案：ABC

[判断题]

1) 大雾天气能见度低，开启远光灯会提高能见度。
答案：×

2) 雾天公路行车可多使用喇叭引起对向注意，听到对向机动车鸣喇叭，也要鸣喇叭回应。
答案：√

3) 驾驶机动车在大雾天临时停车后，要开启雾灯和近光灯。
答案：×

4) 驾驶机动车在雾天行车要开启雾灯。
答案：√

4 大风天气安全驾驶

大风天驾驶摩托车行车需要握紧转向把，尽量避免制动，注意车辆的横向移动。

大风天气行车，由于风速和风向往往不断地发生变化，当狂风袭来，感觉机动车产生横向偏移时，要双手握紧转向把，不得采取紧急制动或急转转向把以恢复行驶方向。行至两座山谷之间，遇到较强的横风，感觉摩托车产生横向偏移时，要握紧转向把控制行车方向。

练习题

[多][选][题]

大风天行车需要注意什么？
A. 握紧转向把　　　　　B. 尽量避免制动
C. 尽量减少超车　　　　D. 注意车辆的横向移动

答案：ABD

[判][断][题]

1) 大风天气行车中，如果遇到狂风袭来，感觉机动车产生横向偏移时，要急转方向以恢复行驶方向。

答案：✗

2) 狂风袭来，可能会使行驶中的摩托车产生横向偏移。

答案：✓

3) 行至两座山谷之间，如果遇到较强的横风，感觉摩托车产生横向偏移时，要急转转向把调正行进方向。

答案：✗

5　泥泞道路的安全驾驶

泥泞路行车，车轮极易空转和侧滑。遇到泥泞或翻浆路段时，要停车观察，选择平整、坚实或有车辙的路段通过。通过泥泞路前，要选用中低速挡慢速行驶，用加速踏板控制速度，匀速一次性通过，尽量避免使用行车制动器。

练习题

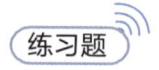

单选题

在泥泞路段行车容易出现什么现象？
A. 行驶阻力大　　　　　B. 车轮侧滑
C. 机动车颠簸　　　　　D. 方向失控

答案：B

多选题

1) 通过泥泞道路时，正确的做法是什么？
　　A. 避免使用行车制动　　B. 提前换入低速挡
　　C. 停车观察前方道路　　D. 尽量避免中途换挡

答案：ABCD

2) 在泥泞道路上行车时，采取的正确做法是什么？
　　A. 尽量避免使用行车制动器　B. 选用中低速挡慢速行驶
　　C. 稳握转向盘　　　　　　　D. 加速通过泥泞路段

答案：ABC

判断题

1) 驾驶机动车行至泥泞或翻浆路段时，要停车观察，选择平整、坚实或有车辙的路段通过。

答案：√

2) 泥泞路对安全行车的影响是车轮极易空转和侧滑。

答案：√

3) 摩托车行至泥泞路段时，应停车观察，选择平整、坚实的路段通过。

答案：√

4) 在泥泞路上制动时，摩托车易发生侧滑或甩尾，导致交通事故。

答案：√

6 涉水道路的安全驾驶

驾驶机动车通过漫水路（桥）前，要停车察明水情，确认安全后，挂低速挡保持足够动力，匀速通过。通过漫水桥，要特别注意减速慢行，不要注视水流的变化，避免中途停留。通过积水路段，要减速慢行，注意避让行人或非机动车。涉水后，间断轻踏制动踏板，排干制动器制动衬片与制动鼓/制动盘间的积水，以恢复制动效能。

练习题

[单选题]

驾驶机动车通过漫水桥前，停车观察水情确认安全后，怎样通过？

A. 挂高速挡快速通过　　B. 时刻观察水流的变化

C. 做好随时停车的准备　　D. 挂低速挡匀速通过

答案：D

[判断题]

1) 涉水驾驶要保持车速均匀有足够动力，避免停留。

答案：√

2) 驾驶机动车涉水后，驾驶人要间断轻踩制动踏板，以恢复制动效能。

答案：√

3) 漫水道路行车时，要挂高速挡，快速通过。

答案：×

4) 驾驶机动车涉水要保持车速均匀有足够动力，避免停留。

答案：√

5）驾驶机动车通过漫水路时驾驶人要挂低速挡匀速通过。

答案：√

6）摩托车涉水后，制动器的制动效果不会改变。

答案：×

3.5 紧急情况下避险常识

1 紧急情况下的避险原则

紧急情况下避险始终要把人的生命安全放到第一位。行车中遇紧急情况避险时，要沉着冷静，坚持先避人、后避物的处理原则。在高速公路或其他道路高速行驶，遇到紧急情况避险时，要坚持采取制动减速，不急转向的原则，不要轻易急转向避让，以减小碰撞损坏程度。

使用摩托车制动时，应先使用后轮制动，再使用前轮制动，也可以同时使用前后轮制动。仅使用前轮制动，驾乘人员易因惯性从车上甩出摔伤。摩托车紧急制动时，应特别注意使车身垂直于路面，以免摩托车侧滑倾倒。

练习题

[单选题]

1）驾驶机动车遇紧急情况避险时，要沉着冷静，坚持什么样的处理原则？

A. 先避人、后避物　　　　B. 先避物、后避车

C. 先避车、后避人　　　　D. 先避物、后避人

答案：A

2) 下列关于使用摩托车制动的错误做法是哪一项？
　　A. 先使用前轮制动　　B. 不能过早使用前制动
　　C. 先使用后轮制动　　D. 同时使用前后轮制动

答案：A

判断题

1) 紧急情况下避险始终要把人的生命安全放到第一位。

答案：√

2) 车速较高，前方发生紧急情况时，要先转方向避让，再采取制动减速，以减小碰撞损坏程度。

答案：×

3) 驾驶摩托车紧急制动时，应特别注意使车身垂直于路面，以免摩托车侧滑倾倒。

答案：√

4) 摩托车高速行驶时，仅使用前轮制动，驾驶人易因惯性从车上甩出摔伤。

答案：√

5) 驾驶摩托车使用制动时，先使用前轮制动，后使用后轮制动。

答案：×

6) 驾驶机动车在高速公路行驶过程中，发现前方有动物突然横穿时，不可以采取急转向的方式避让。

答案：√

2　轮胎漏气的处置

　　行车中发现轮胎漏气时，要慢慢制动减速，不得采取紧急制动，以免造成翻车或后车采取制动不及时导致追尾事故。轮胎气压过低时高速行驶，会出现轮胎波浪变形温度升高而导致爆胎。

摩托车前轮爆胎时,会产生严重的左右摆动,驾驶人应立即减小油门,紧握转向把,逐渐减挡,减速停车。

练习题

[单选题]

1) 轮胎气压过低时,高速行驶可能导致什么结果?
   A. 气压不稳　　　　　　B. 气压增高
   C. 行驶阻力减小　　　　D. 爆胎

   答案:D

2) 轮胎气压过低时,高速行驶轮胎会出现波浪变形温度升高而导致什么情况发生?
   A. 气压不稳　　　　　　B. 气压更低
   C. 行驶阻力增大　　　　D. 爆胎

   答案:D

[判断题]

驾驶人发现轮胎漏气,将摩托车驶离主车道时,不要采用紧急制动,以免造成翻车或后车采取制动不及时导致追尾事故。

答案:√

3 突然爆胎的处置

行车中驾驶人意识到爆胎时,要松开油门,双手紧握转向把,在尽力控制车辆直线行驶的情况下,轻踏制动踏板,尽量采用抢挂低速挡的方法,利用发动机制动缓慢减速停车,切忌慌乱中急踏制动踏板紧急停车。在尚未控制住车速前,不要冒险使用行车制动器停车,以避免机动车横甩发生更大的险情。

避免爆胎的正确做法是定期检查轮胎,及时清理轮胎沟槽内的异物,及时更换有裂纹或损伤的轮胎,不要采用降低轮胎气压来避免爆胎的做法。

练习题

单选题

1) 摩托车后轮爆胎时,驾驶人应如何处置?
   A. 迅速转动转向把
   B. 双手紧握转向把
   C. 迅速向相反方向转动转向把
   D. 迅速采取制动措施

   答案:B

2) 避免爆胎的错误做法是什么?
   A. 降低轮胎气压
   B. 定期检查轮胎
   C. 及时清理轮胎沟槽里的异物
   D. 更换有裂纹或有很深损伤的轮胎

   答案:A

多选题

机动车避免爆胎的正确做法是什么?

A. 降低轮胎气压
B. 定期检查轮胎
C. 及时清理轮胎沟槽内的异物
D. 更换有裂纹或损伤的轮胎

答案:BCD

判断题

1) 行车中当机动车突然爆胎时,驾驶人切忌慌乱中急踩制动踏板,尽量采用抢挂低速挡的方法,利用发动机制动使机动车减速。

   答案:√

3 安全文明驾驶常识

2）摩托车前轮爆胎时，会产生严重的左右摆动，驾驶人应立即减小油门，紧握转向把，逐级减挡，减速停车。

答案：√

3）摩托车爆胎时，驾驶人应迅速踏下制动踏板减速，极力控制转向把，迅速停车。

答案：×

4）避免机动车爆胎的正确做法是降低轮胎气压。

答案：×

5）驾驶人行车中意识到爆胎时，要轻踩制动踏板，缓慢减速停车。

答案：√

6）行车中遇突然爆胎时，驾驶人要急踩制动踏板减速停车。

答案：×

7）摩托车发生爆胎后，驾驶人在尚未控制住车速前，不要冒险使用行车制动器停车，以避免摩托车横甩发生更大的险情。

答案：√

8）摩托车在爆胎时，驾驶人应在控制住方向的情况下采取紧急制动，迫使机动车迅速停住。

答案：×

4 转向突然失控的处置

驾驶机动车突然发现转向把不灵活时，应尽快减速在安全地点停车查明原因，不得继续行驶。

练习题

[单选题]

驾驶人发现转向把不灵活时，下列做法哪一项是错误的？

A. 应尽快减速停车   B. 在安全地点停车
C. 继续驾驶   D. 停车查明原因

答案：C

5 发动机突然熄火的处置

行车中发动机突然熄火后不能起动时，要立即开启危险报警闪光灯，缓慢减速，将车移到不妨碍交通的地方停车，并放置故障车警告标志，检查熄火原因。

练习题

[多选题]
行车中发动机突然熄火后，要采取什么措施？
A. 立即停车检修
B. 立即开启危险报警闪光灯
C. 将机动车移到不妨碍交通的地点停车
D. 放置故障车警告标志

答案：BCD

6 火灾时的应急处置

遇车辆出现燃烧现象，应迅速离开车内，以免对呼吸道造成伤害或发生窒息。

练习题

[判断题]
驾驶机动车遇车辆出现燃烧现象，应迅速离开车内，以免对呼吸道造成伤害或发生窒息。

答案：√

3.6 防范二次事故处置与伤员急救知识

▶ 3.6.1 交通事故救护

1 事故处置原则

行车中发生交通事故，为了防止二次事故，应开启危险报警闪光灯、正确放置危险警告标志，迅速疏散人员。

驾驶机动车发生交通事故后，应注意是否有燃油泄漏、管路破裂的情况，避免意外情况出现。事故现场抢救伤员应遵循先救命，后治伤，避免二次伤害，争取时间的安全原则。受伤者在车内无法自行下车时，可设法将其从车内移出，尽量避免其二次受伤。遇伤者被压于车轮或货物下时，要设法移动车辆货物，不得拉拽伤者的肢体将其拖出。

练习题

[单选题]

在事故现场抢救伤员的基本要求是什么？
A. 先治伤，后救命
B. 先救命，后治伤
C. 先帮助轻伤员
D. 后救助重伤员

答案：B

[多选题]

1) 发生交通事故后，防止二次事故的有效措施是什么？
   A. 正确放置危险警告标志
   B. 标记伤员的原始位置
   C. 疏散人员
   D. 开启危险报警闪光灯

答案：ACD

2) 现场救护应遵循什么原则?
  A. 先救命后治伤原则   B. 安全原则
  C. 避免二次伤害原则   D. 争取时间原则

答案：ABCD

判断题

1) 驾驶机动车发生交通事故后，应注意是否有燃油泄漏、管路破裂的情况，避免意外情况出现。

答案：√

2) 遇伤者被压于车轮或货物下时，要立即拉拽伤者的肢体将其拖出。

答案：×

3) 受伤者在车内无法自行下车时，可设法将其从车内移出，尽量避免其二次受伤。

答案：√

2 昏迷不醒的伤员急救

  抢救昏迷失去知觉的伤员，要在抢救前先检查呼吸，再进行具体施救。在为成年人进行心肺复苏抢救时，肺处按压的频率为每分钟 100~120 次。搬运昏迷失去知觉的伤员要采取侧卧位。

练习题

单选题

1) 抢救昏迷失去知觉的伤员需注意什么?
  A. 马上实施心肺复苏   B. 使劲掐伤员的人中
  C. 连续拍打伤员面部   D. 抢救前先检查呼吸

答案：D

2) 在为成人做心肺复苏时，胸外按压频率是多少？

A. 120～140 次/分　　　B. 100～120 次/分

C. 80～100 次/分　　　D. 60～80 次/分

答案：B

判断题

1) 搬运昏迷失去知觉的伤员要采取仰卧位。

答案：×

2) 抢救昏迷失去知觉的伤员要在抢救前先检查呼吸。

答案：√

3 失血伤员的急救

抢救失血伤员时，要先采取止血措施。采用指压止血法为动脉出血伤员止血时，拇指压住伤口的近心端动脉位置。止血可使用绷带、三角巾和止血带包扎，在没有绷带急救伤员的情况下，可用毛巾、手帕、床单、棉质衣服、长筒尼龙袜等代替绷带包扎，不能用麻绳或细绳缠绕包扎，救助失血过多出现休克的伤员要采取保暖措施。

练习题

单选题

1) 抢救失血伤员时，要先采取什么措施？

A. 观察　　B. 包扎　　C. 止血　　D. 询问

答案：C

2) 在没有绷带急救失血伤员的情况下，以下救护行为错误的是什么？

A. 用手帕包扎　　　　B. 用毛巾包扎

C. 用棉质衣服包扎　　D. 用细绳缠绕包扎

答案：D

3) 采用指压止血法为动脉出血伤员止血时，拇指压住伤口的什么位置？
   A. 近心端动脉　　　　　B. 血管下方动脉
   C. 远心端动脉　　　　　D. 血管中部

   答案：A

4) 包扎止血不能用的物品是什么？
   A. 绷带　　　　　　　　B. 三角巾
   C. 止血带　　　　　　　D. 麻绳

   答案：D

判断题

1) 在没有绷带急救伤员的情况下，止血可用毛巾、手帕、床单、长筒尼龙袜等代替绷带包扎。

   答案：√

2) 在紧急情况下为伤员止血时，须先用压迫法止血后再根据出血情况改用其他止血法。

   答案：√

3) 救助失血过多出现休克的伤员要采取保暖措施。

   答案：√

4) 抢救或处理失血伤员，首先是利用外部按压力给伤口止血。

   答案：√

4　烧伤烫伤伤员的急救

救助全身燃烧的伤员，可采取向身上喷冷水灭火的方法，不得用灭火器、沙土覆盖火焰等方法灭火。烧伤伤员口渴时，可喝少量的淡盐水。

处理烫伤时，应首先考虑用常温清水持续冲洗烫伤部位。烧伤伤口起泡时，可用塑料袋或保鲜膜在水泡上进行保护。

练习题

单选题

1) 救助全身燃烧的伤员应采取哪种应急措施?
   A. 用沙土覆盖火焰灭火
   B. 向身上喷冷水灭火
   C. 用灭火器进行灭火
   D. 帮助其脱掉燃烧的衣服

   答案:B

2) 救助烧伤伤员时,在伤口已经起泡的情况下,可用什么覆盖在水泡上进行保护?
   A. 围巾
   B. 塑料袋或保鲜膜
   C. 手帕
   D. 卫生纸

   答案:B

多选题

抢救烧伤伤员时,可采取的急救措施有哪些?
A. 用冷清水冲洗或浸泡伤处
B. 使用油膏或油等敷抹烧伤处
C. 脱去烧伤处的衣物或饰品
D. 伤员口渴可口服少量淡盐水

答案:AD

判断题

1) 烧伤伤员口渴时,可喝少量的淡盐水。

   答案:√

2) 烧伤伤员口渴时,只能喝白开水。

   答案:×

3) 救助全身燃烧的伤员可以采取向身上喷冷水灭火的措施。

   答案:√

4) 对于烫伤进行处理时，应首先考虑用常温清水持续冲洗烫伤部位。

答案：√

5 中毒伤员的急救

救助有害气体中毒伤员，要在第一时间将中毒人员移出毒区，移送到有新鲜空气的地方，脱去接触有毒空气的衣服，用清水清洗暴露部位，防止伤员继续中毒。救助中毒伤员时，非专业人员不得对伤员实施保暖、人工呼吸、胸外心脏按压等直接接触方法进行救护。

练习题

[单选题]

1) 救助有害气体中毒伤员，首先采取的措施是什么？
   A. 采取保暖措施
   B. 将伤员移到有新鲜空气的地方
   C. 进行人工呼吸
   D. 进行胸外心脏按压

答案：B

2) 交通事故中急救中毒伤员时，以下做法错误的是什么？
   A. 尽快将中毒人员移出毒区　B. 脱去接触有毒空气的衣服
   C. 用清水清洗暴露部位　　　D. 原地等待救援

答案：D

[判断题]

1) 为防止有害气体中毒伤员继续中毒，首先将伤员转移到空气新鲜的地方。

答案：√

2）抢救有害气体中毒伤员时，应第一时间将伤员移送到有新鲜空气的地方，脱离危险环境，防止吸入更多的有害气体。

答案：√

6 骨折伤员的处置

抢救骨折伤员时，注意不要移动身体骨折部位。伤员骨折处出血时，要先止血，然后固定包扎伤口。对无骨端外露的骨折伤员肢体固定时，要超过伤口上下关节。

抢救脊柱骨折的伤员，要用三角巾固定，需要移动时，切勿扶持伤者走动，要用硬担架运送。伤员大腿、小腿和脊椎骨折时，一般不要随便移动伤者。

练习题

[单选题]

1）抢救骨折伤员时应注意什么？
A. 迅速抬上担架送往医院
B. 适当调整损伤时的姿势
C. 用绷带对骨折部位进行包扎
D. 不要移动身体骨折部位

答案：D

2）怎样抢救脊柱骨折的伤员？
A. 采取保暖措施　　　B. 用软板担架运送
C. 用三角巾固定　　　D. 扶持伤者移动

答案：C

[判断题]

1）伤员骨折处出血时，要先固定，然后止血和包扎伤口。

答案：×

2） 移动脊柱骨折的伤员，切勿扶持伤者走动，可用软担架运送。

答案：✕

3） 伤员大腿、小腿和脊椎骨折时，一般不要随便移动伤者。

答案：√

4） 对无骨端外露的骨折伤员肢体固定时，要超过伤口上下关节。

答案：√

5） 伤员骨折处出血时，先固定好肢体再进行止血和包扎。

答案：✕

3.6.2 常见危险化学品

1 常见危化品的特性

危险化学品具有爆炸、易燃、毒害、腐蚀、放射性等特性。火药、炸药和起爆药属于爆炸品。火柴、硫黄和赤磷属于易燃固体。易燃液体一旦发生火灾，不能用水扑救。腐蚀品着火时，不能用水柱直接喷射扑救。

练习题

单选题

1） 火药、炸药和起爆药属于哪类危险化学品？
　　A. 氧化性物质　　　B. 易燃固体
　　C. 爆炸品　　　　　D. 自燃物品

答案：C

2） 火柴、硫黄和赤磷属于哪类危险化学品？
　　A. 爆炸品　　　　　B. 氧化性物质
　　C. 自燃物品　　　　D. 易燃固体

答案：D

3）下列属于危险化学品易燃固体的是什么？
    A. 火柴   B. 烟花   C. 电石   D. 炸药

答案：A

判断题

1）易燃液体一旦发生火灾，要及时用水扑救。

答案：×

2）腐蚀品着火时，不能用水柱直接喷射扑救。

答案：√

3）危险化学品具有爆炸、易燃、毒害、腐蚀、放射性等特性。

答案：√

4）腐蚀品着火时，应用水柱向高空喷射形成雾状覆盖火区。

答案：√

2 常见危险化学品的个人安全防护

因交通事故造成有害气体泄漏后，进入现场抢救伤员时，抢救人员必须佩戴空气呼吸器或用湿毛巾捂住口鼻。扑救易散发腐蚀性蒸气或有毒气体的火灾时，扑救人员应穿戴防毒面具和相应的防护用品，站在上风处施救。

练习题

判断题

1）因交通事故造成有害气体泄漏后，进入现场抢救伤员时，抢救人员必须佩戴空气呼吸器或用湿毛巾捂住口鼻。

答案：√

2）扑救易散发腐蚀性蒸气或有毒气体的火灾时，扑救人员应穿戴防毒面具和相应的防护用品，站在上风处施救。

答案：√

3 危险化学品运输特殊情况处理

机动车载运化学品以及危险物品，应当经公安机关批准后，按指定的时间、路段、速度行驶，悬挂警示标志，并采取必要的安全措施。

道路危险货物运输驾驶员、装卸人员和押运员必须了解所运载的危险化学品的性质、危害特性、包装容器的使用特性和发生意外时的应急措施。在交通事故现场，一旦遇到有毒有害物质泄漏，一定要第一时间疏散人员，并立即报警。

液化石油气罐车在运输途中发生大量泄漏时，要切断一切电源，戴好防护面具和手套，关闭阀门制止渗漏，组织人员向上风方向疏散。

练习题

单选题

1) 驾驶机动车载运危险化学物品，应当经哪个部门批准后，按指定的时间、路线、速度行驶，悬挂警示标志并采取必要的安全措施？
   A. 道路运输管理机构　　B. 公安机关
   C. 城市管理部门　　　　D. 环保部门

   答案：B

2) 液化石油气罐车在运输途中发生大量泄漏时，下列措施错误的是什么？
   A. 切断一切电源　　　　B. 戴好防护面具和手套
   C. 关闭阀门制止渗漏　　D. 组织人员向下风方向疏散

   答案：D

[判断题]

1) 道路危险货物运输驾驶员、装卸人员和押运员必须了解所运载的危险化学品的性质、危害特性、包装容器的使用特性和发生意外时的应急措施。

答案：√

2) 在交通事故现场，一旦遇到有毒有害物质泄漏，一定要第一时间疏散人员，并立即报警。

答案：√

3.7 典型事故案例分析

3.7.1 单项违法行为分析

1. 王某驾驶摩托车发生故障不能行驶，请李某驾驶小型汽车用软连接装置牵引至修理厂。在行驶途中发生交通事故，造成王某受伤。

[单选题]

该起事故中驾驶人的主要违法行为是什么？
A. 牵引装置使用错误，应使用硬连接牵引装置
B. 未按规定车道行驶
C. 超速
D. 非法牵引摩托车

答案：D

▶ 违法行为分析 ◀

驾驶小型汽车用软连接装置牵引摩托车，违反摩托车不得被其他车辆牵引的法律规定。

2. 王某驾驶两轮摩托车送 9 岁的儿子上学途中，以 20 公里/小时的速度在最右侧道路行驶，行驶至榆林子镇马槽沟村处，与李某驾驶的小型汽车发生碰撞，事故造成 2 人受伤。

[单选题]
该起事故中摩托车驾驶人的主要违法行为是什么？
A. 非法搭载未满 12 周岁的未成年人
B. 超速
C. 未按规定车道行驶
D. 超员

答案：A

◆ 违法行为分析 ◆

王某驾驶两轮摩托车送 9 岁的儿子上学，违反二轮摩托车载人不得载未满 12 周岁的未成年人的法律规定。

3.7.2 多项违法行为分析

1. 林某驾车以 110 公里/小时的速度在城市道路行驶，与一辆机动车追尾后弃车逃离被群众拦下。经鉴定，事发时林某血液中的酒精浓度为 135.8 毫克/百毫升。

[多选题]
林某的主要违法行为是什么？
A. 肇事逃逸　　　　　B. 超速行驶
C. 疲劳驾驶　　　　　D. 醉酒驾驶

答案：ABD

> ● 违法行为分析 ●

　　1）以 110 公里/小时的速度在城市道路行驶，属于违法超速行驶。

　　2）与一辆机动车追尾后弃车逃离，属于违法肇事逃逸。

　　3）血液中的酒精浓度为 135.8 毫克/百毫升，属于违法醉酒驾驶。

2. 王某驾驶摩托车逆行，与张某驾驶的两轮电动车发生交通事故，导致张某倒地头部受伤，王某驾驶摩托车逃逸。

[多选题]
这起事故中的主要违法行为有哪些？
A. 王某超速
B. 王某肇事逃逸
C. 王某驾驶摩托车逆行
D. 王某无证驾驶

答案：BC

> ● 违法行为分析 ●

　　1）王某驾驶摩托车逆行，属于违法行驶。

　　2）王某驾驶摩托车逃逸，属于违法肇事逃逸。

3.7.3 违法行为判断

1. 王某饮酒后驾驶摩托车回家途中，车辆不慎驶离路面后侧翻，王某倒地受伤，车辆受损。鉴定显示，王某血液中乙醇含量为 120 毫克/百毫升。这起事故中王某的主要违法行为是醉酒驾驶。

判断题

答案：√

● 违法行为分析 ●

王某血液中乙醇含量为 120 毫克/百毫升已达到醉酒阈值（大于 80 毫克/百毫升），属于醉酒驾驶。

2. 刘某驾驶摩托车回家途中，将随身携带物品悬挂在车把上，在行驶过程中不慎撞击护栏，刘某受伤。该起事故中主要违法行为是驾驶人刘某在摩托车车把上非法悬挂物品。

判断题

答案：√

● 违法行为分析 ●

驾驶人刘某在摩托车车把上悬挂物品，违反驾驶摩托车不得在车把上悬挂物品的法律规定。

3. 刘某驾驶摩托车在没有中心线的城市道路上以 40 公里/小时的速度行驶，与对向驶来的丁某驾驶的三轮车相撞，导致丁某受重伤。这起事故的主要违法行为是刘某超速行驶。

判断题

答案：√

● 违法行为分析 ●

刘某驾驶摩托车在没有中心线的城市道路上以 40 公里/小时的速度行驶，超过机动车在没有中心线的城市道路上最高行驶速度为每小时 30 公里的法律规定。

反侵权盗版声明

机械工业出版社依法对本作品享有专有出版权。任何未经权利人书面许可,复制、销售或通过信息网络传播本作品的行为,歪曲、篡改、剽窃本作品的行为,均违反《中华人民共和国著作权法》,其行为人应承担相应的民事责任和行政责任,构成犯罪的,将被依法追究刑事责任。

为了维护市场秩序,保护权利人的合法权益,我社将依法查处和打击侵权盗版的单位和个人。欢迎社会各界人士积极举报侵权盗版行为,本社将保证举报人的信息不被泄露。

联 系 人:谢元
电   话:(010) 88379771
E-mail:22625793@qq.com
地   址:北京市西城区百万庄大街22号
邮   编:100037